#KuToo
クートゥー

靴から考える
本気のフェミニズム

石川優実
Ishikawa Yumi

現代書館

きっちり足に合った靴さえあれば、じぶん
はどこまでも歩いていけるはずだ。

··

須賀敦子『ユルスナールの靴』

わたしと同じサイズの足幅をもった男は、
なんの苦痛を感じることもなく、わたしよ
り二、三倍も幅広い選択を楽しんでいたな
んて、なんという不公平なことだろう。

··

田嶋陽子「自分の足を取りもどす」

#KuToo 目次

私の感情は私が決める……7

1 #MeToo → #KuToo……15

#MeToo「私も。」……16

#MeToo というハッシュタグを知っていますか？……16

#MeTooだった過去と現在……17

グラビア時代の露出問題……19

逃げられなかった接待強要……24

枕営業詐欺……26

#MeToo と言いたいのは……29

あなたのからだはあなたのもの……30

苦しんでいる女性へ……32

相談された男性へ……33

フェミニストであることをめんどくさがられたって……35

私って、めんどくさい女？……35

私を救った本の話……39

私はもう絶対に黙らない……41

仕事でパンプスやヒールを
強制されてしまう話#KuToo……42

パンプスやヒールが指定されることの問題点……44

論点がズレているたくさんの意見……45

#KuToo に関わってくださったみなさんへ、
感謝の気持ちを込めて……49

2 #KuToo バックラッシュ実録
140字の闘い……57

3 石川優実、#KuToo で
女性の未来を変えるため、
労働について本気で考えた……165

対談① 内藤忍さん……166
（独立行政法人 労働政策研究・研修機構　副主任研究員）

対談② 小林敦子さん……190
（ジェンダー・ハラスメント研究、コンサルタント）

資料1 厚生労働省宛　職場における女性に対する
ヒール・パンプスの着用指示に関する要望書……210

資料2 Change.org #KuToo 署名キャンペーン
賛同者コメント集……212

あとがき……216

1 #MeToo → #KuToo 初出
ブログ「また余計なことを・・・」 http://www.ishikawayumi.jp/
大幅な加筆・修正を加えました。

写真　インベカヲリ★

私の感情は私が決める

「差別の仕返しだなって思えた」

　これは私が「職場でのパンプス・ヒール強制をなくしたい！」という #KuToo 運動を始めることになったきっかけのツイートに対して、当時仲良くしていた女の子に言われた言葉だ。

**　私はいつか女性が仕事でヒールやパンプスを履かなきゃいけないという風習をなくしたいと思ってるの。**
専門の時ホテルに泊まり込みで1ヶ月バイトしたのだけどパンプスで足がもうダメで、専門もやめた。なんで足怪我しながら仕事しなきゃいけないんだろう、男の人はぺたんこぐつなのに。

　この私のツイートが3万RT、6.7万いいねされたことを報告したところ、先ほどのような言葉が返ってきたのだ。
　私はわけが分からなくて大混乱した。多分、彼女には「男の人はぺたんこぐつなのに」という部分が引っかかったんだろう。私がこの後死ぬほど聞くことになる「男の人の革靴だって大変なんだから」というセリフをはじめて吐かれた瞬間でもあった（そして、これに対して死ぬほど同じ説明を繰り返した）。私のクソリプ対応は実はここが始まりだったのかもしれない。

1　クソみたいなリプライ（ツイッターの返信機能を使って、見当はずれな内容や中傷的な言葉を投稿すること）

「パンプスの話をするために関係ない男性を比較対象として巻き込んでいるように感じたからそれは差別の仕返しだなって思えた」らしい。

　私はこの件で結構絶望した。思い返して、その時以来見ていなかったLINEを見返したが、正直二度と見たくないやりとりだ。

　この件は、労働法の専門家や弁護士からも性差別にあたる可能性が指摘されている。にもかかわらず、それを訴える時に男性と比較すると「差別の仕返し」になってしまうらしい。なんじゃそりゃ？　男性との「差」を持ち出さずに、どうやって性「差」別の話をしろというのだろう？

　たとえば男性が「女性は育休をしっかり取れてずるい。男性だって同じように取りたいんだ」と差別を訴えたら、差別の仕返しになるのだろうか？　他の人から「逆差別」というようなことも言われた。差別の仕返し、と同義語なのだと思う。というか差別に逆とか順行とかあんの？　日本語の使い方どうなってんだ？

　私は「フラットの革靴で働けるのずるい」というツイートもしたが、それに対してもごちゃごちゃ言う人がいた。

　「せっかくいい問題提起してるのになんで男性のことそんなふうに言うの？」と。

　だけど私は、「ずるい」という言葉を使ったことにまったく後悔していない。だってずるいじゃん。男性がフラットの革靴を履いて仕事ができる理由は、「男性だから」でしょ？

男性は男性になるためになんか特別な努力をしたのか？　女性は努力が足りなかったから男性になれなかったのか？

　違うでしょ。「男性」は男性器をもって生まれてきたから「男性になった」だけで、「女性」は女性器をもって生まれてきたから「女性になった」だけだ。

　なのになぜ、同じ仕事内容なのに男性はフラットの革靴で働けるの？　なぜ女性はフラットの革靴を履いてはできない職業があるの？

　私は、パンプスを履いた時の自分自身の足の痛みや怪我だけだったら、この問題に気がつかなかったと思う。

　私がこの問題に気がついたのは、葬儀関係の仕事に就いていた時に男性が履いている靴をじっくり見たからだ。男性が女性である私と違う靴を履いていたからだ。男性はその靴で仕事中、走っていた。甲の部分が広く開いたヒール付きのパンプスを履いていた私は、仕事中いつも不安定でうまく走れないし、お葬式が始まったらコツコツと足音を立てずに歩かなきゃいけないと注意された。だけれど仕事に対する評価基準は同じなわけだ。お葬式に来ている人や上司から見たら、男性は「素早く動ける人」「足音を立てずに、式場の様子をしっかり配慮できる人」、女性は「何かあった時に動きが鈍い人」「式中なのに足音を立ててしまう空気が読めない人」と評価されてしまう。足元に明らかに「差」があるにもかかわらず。

　2017年末に #MeToo して以来、ジェンダー平等やフェミニ

ズムについて寝ても覚めてもずっと考えるようになった私は、こうした「差」を、もう無視することができなくなっていた。

　この「差」に触れずに性差別を解決するなんて、そんなの解決じゃない。根本解決にならない。

　話はちょっと変わる。私は #MeToo する前から今まで、仲良くしている男性がいる。パートナーとまではいかないんだけど、ただの友達より特別な、大切な男性。その男性と仲良くなり始めた初期、彼はリアルに、しかし、まったく悪気なくクソリプみたいなことを言ってくる人だった。私が彼の知り合いからセクハラや容姿に対するジャッジを一方的にされた相談をすると「でも他の男の人とは仲良くしてたじゃん」とか、「あの人も女性関係で色々辛い思いしてて……」とか。まぁ数々のリアルクソリプを私に飛ばしてきたのですが、当時は私も今と違って彼の機嫌を悪くしないように、プライドを傷つけないように、分かりやすく、下手に出て、冷静ににこやかにとにかく怒りを抑えて伝える……みたいなことをやっていた。うわ、今考えると寒気がする。ぞぞぞ。

　なんでかって？　こうやった方がいいって、恋愛の指南書に書いてあったから。「男性脳」「女性脳」ってあって、女性は感情的だから伝える時は気をつけなきゃいけないって。

　でも、これをやってもリアルクソリプはなくならなかった。やればやるほど、彼は私の話を聞かなくなったような気すらする。

今考えれば分かる。私は彼と対等になって意見を伝えていな
かったのだ。私が主張をする時、なぜか私は下手に出なければ
聞いてもらえないと無意識に思い込んでいたのだ。

　やってもやっても彼は話を聞かない上に、私もストレスが
ちょー溜まった。なので私は覚悟を決めて「キレまくる」こと
にした。

　本気で怒ることにした。怒っていることがはっきり分かるよ
うな伝え方を意識的にした。相手が男だからとか関係なく、対
等にキレることにした。失礼な物言いにはちゃんと怒らなきゃ。
今まではちょっと言いすぎると「あぁ……またヒステリーな女
になってしまった……私ってば」となってたが、何も気にせず
わーーーーとキレまくった（LINEで）。で、後悔するのをやめた。
むしろ自分を褒めた。人生ではじめて思う存分キレたかもしれ
ない。やったら清々しかった。

　なんかもう、これでもリアルクソリプ飛ばしてくるならどう
でもいいわ、と思った。

　しかし、そこから彼が私の話を聞くようになった。私の話の「内
容」を聞くようになった。不思議だけど、本当にそうだ。そし
て、フェミニズムやジェンダーの問題を分かってくれるようになっ
た。今でもたまにリアルクソリプしてくるけど、その場で怒れ
ばすぐに話をちゃんと聞くようになった。理解をしようとする
ようになった。#KuTooの署名提出の前夜は一緒にたくさんの
書類をまとめてくれた。

当然だけど、そういう経緯があって昔より彼のことをもっと好きになった。自分をひとりの人間として尊重してくれるようになったのだ。男性として生きてきた彼は私の言うことの意味が分からないことがたくさんあるだろうけど、そんな中で努力をしてくれるようになったのだ。それはそれは心から感謝をしている。

　こういった経験から私は、「ちゃんと怒る」ということを意識するようになった。変に隠さず、取り繕わず。正面からちゃんとキレようと思っている。

　だから私はクソリプに対してだって変にへりくだらないようにしている。グラビアをやっていた私に「脱いでたくせに」と言ってくる人に対して、以前だったら「そうですよね。こういう仕事してたからなかなか聞いてもらえないのは私のせいかもしれないけど、でも多くの女性が苦しんでいることなので協力してもらえませんか？」とか言ってたかもしれない。けれど今は違う。脱いでるくせにと言われたら「は？　うるせえ」「脱いで何が悪い」と言っている。

　「本当に問題解決したいなら性差別って言わない方がいい」というクソバイス[2]ももらうが、私は同時に性差別も解決したいので、男性の気分損ねるから、という理由でこの言葉を避けるということはしない。反感上等。反感買って何がいけないんだ

2　クソみたいなアドバイス

ろう？　注目するべきは「性差別の問題を性差別と指摘すると
なぜ反感を買うのか」というところだろう。

　私たちはとにかく怒らせてもらえなかった。怒ると「ヒステ
リー」「モテないよ」「そんな言い方じゃ話聞かないよ」という
言葉で抑え込まれる。

　喜怒哀楽の中の「怒」だけ、どこかに置いてけぼりにされて
いたように感じる。

　だけど、怒りだって大切な大切な感情のひとつのはずだ。私
の#MeTooに寄り添ってくれたライター・小川たまかさんの本[3]
の言葉を借りるなら、怒りを「『ほとんどない』ことにされている」
のに黙っているのはもうやめよう、と心に決めた。

　この本では、私が#MeTooをしてからキレッキレ（？）のキ
レキャラフェミニストになるまでの過程を楽しんでほしい。こ
こにたどり着くのに、結構時間がかかってしまった。30年くら
いかかってしまった。だけどこの必殺技をゲットした私は、実
は今までの人生で今が一番幸せ。他人が「あいつ怒ってばっか
りで不幸だな、可哀想」と言おうと、私の感情は私が決める。
私の幸せを決められるのは私だけ。

　私がセクハラや性暴力、尊厳を傷つけられるような目に遭っ
ても、全然私のために怒ってくれないこの社会。だったら自分

3　『「ほとんどない」ことにされている側から見た社会の話を。』（タバブックス、2018年）

くらいは自分のために怒ってあげよう、そう思っている。

　もしこの本を読んでくださっている方で、本当は怒りたい方がいたら（怒りたくない方はもちろん怒る必要はない）、少し勇気を出してめっちゃ怒ってみるのもいいかも。私は正直、めっちゃ怒るのがめっちゃ楽しい。あなたの心がワクワクする方を選んでみてほしい。

　もしかしたらそれは自分自身だけでなく、この社会をも救うことに繋がるかもしれない。

　私のただの「男はぺたんこぐつなのに！」という愚痴怒りツイートから始まった #KuToo が、世界中に知られる社会運動になったように。

#MeToo「私も。」

#MeToo というハッシュタグを知っていますか？

　2017年10月、#MeToo というハッシュタグが瞬く間に世界で話題になった。

　きっかけは女優のアリッサ・ミラノさん。

彼女は2017年10月16日に自身のツイッターアカウントで、「もしあなたがセクシュアル・ハラスメントや暴行を受けていたら、このツイートに 'me too' とリプライで伝えて」と投稿した。[4]

　この #MeToo の目的は、性的被害やセクハラを受けた人が声を上げることによって、

●加害者に相手を傷つけているということを自覚させること

●被害に遭っている人は我慢して傷ついたままでいなくても良いということ

●このような被害が表に出ていないだけで世の中にはたくさんあるということ

●被害にあった人は他人が想像もつかないくらい思い悩んでいる（時には自殺という最悪の選択を視野に入れることもある）ということを世の中に知ってもらうこと

　と、私は解釈している。

　私がこのハッシュタグを知ったきっかけは、ブロガー・はあちゅうさんの発信だった。

　2017年12月17日の「Buzz Feed News」によると、はあちゅうさんは、広告代理店電通勤務時に上司の岸勇希から執拗なセ

4　https://twitter.com/alyssa_milano/status/919659438700670976

クハラ、パラハラ被害に遭い、それは退職後まで続いたようだ[5]。

この記事をきっかけに、ネットやTwitterで様々な情報や発信を探して読んでみた。

同時に自分の過去が強烈によみがえってきた。

「私も」

いてもたってもいられなくなり、Twitterに#MeTooをつけて連投した。

#MeTooだった過去と現在

私は今、このような被害を受けているわけではない。

今はもうこのような環境から解放されて、幸せに過ごしている。

しかし、書いているうちに涙が溢れてきた。

苦しい気持ち、悔しい気持ち、当時の自分の未熟さ、恥ずかしさ、そしてこんなこと人には絶対に情けなくて言えないと思っていたことを発信できた開放感。

この文章を書いている今も、涙は出てきてしまう。

当時は、あれが自分自身に深刻なストレスを与えている自覚がなかった。

嫌だけど、我慢しなければならないこともある。当たり前のことだ。世の中とはこういうものだ。自分には価値がないから、こうするしかないんだ。大したことではない。みんな我慢しているから私も我慢しなければ。

5　https://www.buzzfeed.com/jp/takumiharimaya/hachu-metoo?utm_term=.sub2dJoed#.th2pLIJ0L

そう思い聞かせる私がいた。
　しかし今、周りの色んな人の優しさや自分自身で乗り越えたこと、そして今回の #MeToo のおかげで、あの時の自分が辛い思いをしていたことを認めてあげても良いのだと思えた。
　当時は自身の浅はかさ、主体性のなさ、未熟さ、情けなさ、無知さ。そういったものが引き起こしたことだと感じていた。
　それゆえに、公の場で言うことはできなかった。
　言ったところで、「自業自得だ！」と叩かれるのが目に見えているし、自分だってそう思っていた。他人から改めて言われるのは傷口をえぐられそうで怖かった。

　「そんなの、しっかりしていなかった自分が悪いんじゃん」
　「考え方が甘すぎる」
　「仕事のために好きでもない人とセックスをするなんて気持ち悪い・不潔だ」
　と思う人もたくさんいるだろう。
　それは、自分自身でも十分自覚している。
　しかし、だからと言って仕事を与える立場や権力のある人間が、弱い立場の人間を騙したり、性的なことを要求したり、断れないように圧力をかけることをしても良いのかというのはまったく別の話だと思う。
　被害者がしっかりしていないからと言って、その人を責めて意味があるのだろうか。加害者は放っておいて良いのだろうか。
　私は絶対に違うと思う。だからこそ、
　「me too」
　と声を上げる決意をした。

グラビア時代の露出問題

雑誌での露出

　私がはじめて、女であることが嫌だと感じたのはグラビア活動をしている時だった。

　高校3年生の秋に地元名古屋でスカウトされ、そこから10年間ほどグラビアの仕事をしてた。出演したイメージDVDは30本以上。

　2014年に映画『女の穴』で主演するまでは、露出の多いグラビアを続けていた。この映画では濡れ場を演じ、ファースト写真集『石川優実写真集 ACT.1』（2014年、竹書房刊）ではフルヌードになった。

　マイナーな雑誌だが表紙を飾ったことも何度かある。

　最初は名古屋で「撮影会」というものに参加し、東京で当時のマネージャー（個人事務所だったので社長でもあった）とともに営業をし、徐々に東京へ進出していった。

　何度目かの撮影会で、スタジオで水着になることになった。

　私はそれまで、水着になったのは学校のプールくらいでスクール用しか着用したことがなかった。しかし、そこではビキニ着用を求められ、すごく抵抗があったことを鮮明に覚えている。だけどまぁ海とか行けばみんなビキニも着てるし、これくらいなら大丈夫か……と自分の判断で挑戦することにした。

　これくらいなら、自分で自分のことを嫌いにならなくて済む露出具合だった。

　ここまでは全然良かった。

　少し経ち、マネージャーとともに東京の出版社に営業回りをし、

ありがたいことにすぐに雑誌の撮り下ろしが決まった。

当時はAV女優さんたちのヌードのグラビアも載っていた。

しかし、普通の水着のグラビアも載っていたので、その枠で掲載してもらえることに。

はじめてなのに、巻頭グラビア。今思えば本当にありがたいいことだ。

その時の衣装は白やピンクのビキニ、制服、スクール水着など、グラビアにしては露出が少ない衣装だった。

はじめての雑誌の撮り下ろしは自分としてもそんなに不安感もなく、順調に終わった。

しかし、問題はその次の仕事からだ。

マネージャーに、

「撮り下ろしのオファーがきている。しかし、露出をもっとしなければ使ってもらえない」

と言われた。同時に、

「ビジュアルがそんなに良くないから、そうしないともう仕事ないよ」

とも言われた。

実際問題そうだろう。グラビア露出が簡単にぽんぽん決まる人なんて、ほんのひと握り。そういう世界だ。

デビューして1カ月で何をそんなに焦っていたのだろう。

しかし、当時の自分は追い込まれていた。

今断ったら仕事が一切こないんじゃないか。

自分は可愛くないから、エロい露出をするしか道はないんじゃないか。

当時のマネージャーは今すぐにまとまったお金がほしかったのだろう。活動をしている上で、私が関係者と連絡を取ったり仲良くなることを厳しく禁止していたし、お芝居のワークショッ

プ等に行くことも禁止された。とにかく頻繁に「顔が良くないからこういう仕事しかこない」と言われ続けていた。思い返せば、洗脳に近かったと思う。

断ると、

「その程度のやる気なのか」

と追い込んでくる。

私が自信を失くし続ければ、どんどん過激な仕事も受けるし、それに伴ってマネージャーが受け取るギャラは上がっていっていくのだろう。

ちなみに、私に支払われるギャラは1日1万。内容が過激になっても、DVDが発売されても拘束日数×1万。マネージャーに入る金額は教えてもらえなかった。

お金の話を聞くと、

「お金を気にするなんてやる気あるのか？」

という反応をされる。

私にとって、知っている業界人はマネージャーだけ。一般的な待遇や相場などを知る術がまったくなかった。

その後フリーになった時にDVDのギャラを全てもらっていた時は、1本20〜30万だった（映画で脱ぐ前の時代）。個人事務所に所属していた当時は2日間で撮影して2万、フリー時の0.5割から1割のギャラだったことになる。

毎月オファーや仕事はくるが、その度に露出を増やさないともう仕事はないと言われ、その矛盾にモヤモヤしつつ、水着→下着→Tバック→手ブラ→セミヌードと、半年ほどであっという間に裸みたいな状態になってしまった。けれど当時は自分が可愛くないんだというコンプレックスから、こうなるのは仕方がないと受け入れていた。

それでも、ある程度の抵抗はしていた。
「ここまではできます、けどこれ以上はできません」
そのようなやりとりを数え切れないほどしてきた。

その後、話しても無駄なんだな、と思った出来事があった。
それは、雑誌の撮影でお尻を全部出すショットを掲載すると言われたこと。
事前の打合せでは、
「何も身につけていない状態でのお尻は出したくありません」
と伝えていた。
しかし、現場では、
「撮影中は紐のようなTバックを履いてもらって、後で修整して布の部分消して掲載しますからねー、今はお尻全部見せなくて大丈夫ですよ、安心してください」
と言われびっくり。
確かに撮影中はTバックをつけてはいるが、修整されたら意味がない。結局世の中には私のお尻全開の写真が出回るのだ。詐欺的な扱いにショックを受け、泣いてマネージャーに訴えた。
すると、
「ごめん、現場で履いていれば良いと解釈していた。けど、お尻を全部出すという条件で決まった仕事だからもう断れない。早くメイクさんに化粧直してもらってきて。撮影止まってみんなに迷惑してるから」
と私の気持ちを汲まず、なだめるだけ。誰にも頼れず結局そのまま撮影は進んでしまった。
ここでも私は、きちんと相手に伝わるように説明しなかった自分が悪いと思い込んでいた。
冷静に考えると、納得できない仕事であればすぐにマネー

ジャーの元を離れて自分でできることを探せばいいだけだったのに、当時の自分にはそんな余裕がなかった。判断力を失くしていた私には、そんな自分に何か他のことができるかもしれないという自信もなかった。

とにかく今なんとしてでもグラビアの仕事を我慢して受けなければ、人生終わりだ。大げさではなくそう思い込んでいた。実際に事務所をやめようと何度も試みたが、

「今の芸名は使うな」

「水着の仕事はしてはいけない」

「そうなった時に仕事があるわけないだろ」

など威圧的な対応で、やめるのにも時間が必要だった。ギャラ未払いなどの問題もあった。

ここからはもう負のループ。

過激な露出を（不本意ながらも）許容してしまった私は、こんなところでやめるわけにはいかない、今仕事を断ったらもう私なんかに仕事はこない、だったら言われるままに露出をするしかない、そうしないとただの露出をしまくった品がなく、みっともないグラビア女で一生が終わってしまう、そんな女、結婚もできなければ子どもも産めない、地元にも帰れない、死ぬか続けるかしかないじゃないか、とバカみたいだけど本気で思っていた。

当時はマネージャーが私をごまかして仕事をとっていたので、出版社に非はないと思っていたが、その時の撮影状況を冷静に思い出してみると、出版社側も絶対に私が脱ぎたくないことは分かっていたはずだ。分かっていて、自分の会社の利益になるようにうまくことを運んでいたのだと思う。

はっきり断れなかった私がいて、それをマネージャーが利用

したのだ。

DVDでの露出

　ずるずると、どんどん過激になっていく私のグラビア活動。1年程経った頃からイメージDVDを発売することになった。ソロのイメージDVDを10年間のうちに約30本発売したが、これが本当に辛い仕事だった。

　何枚目かのDVDで、映像の最後に収録されるオフショット撮影のことだ。乳首が少しぽろっと露出してしまったことがあった。本来ならば編集でカットされるはずなのに、そのまま使われていることをファンの方が見つけて教えてくれた。

　当時、映像チェックはタレント本人にはさせてもらえなかった（私の事務所の場合）。

　マネージャーに抗議したが、「発売されてしまったので次からは気をつける」で終わってしまった。

　あり得ない対応に怒りが込み上げてきたが、仕事がなくなる恐怖からそれ以上何も言えない自分もいた。

　案の定、次からの仕事は毎回どこかしらでポロリをするものばかりになってしまった。暗黙の了解のようになっていたと思う。私も、「一度してるから、そうしないと売れないんだろうな。仕方ないか」と自分に言い聞かせ、諦めていた。

　仕事がなくなることが本当に怖かった。

逃げられなかった接待強要

　しんどかった記憶はまだある。

最初にスカウトしてくれたマネージャーのところをなんとか
やめて、フリーの状態の時に「ちょこちょこ仕事を振るよー」
と言ってくる男性がいた。

彼はしょっちゅう私を飲みの席に呼び出した。断ったり帰ろ
うとすると、やる気がないとみなされる。

帰りが終電時間を過ぎるのはしょっちゅうで、次の日の予定
よっては帰らなければならず、タクシー代もバカにならない。
そのためにバイトもしなければならず、それを理由に断ると「な
んのためのバイトなの？　芸能活動の方優先しなきゃ意味ない
でしょ」と言われた。

嫌な顔をするのも許されないと感じ、笑って対応していた。

飲み会の席では、

「石川、〇〇さん喜ばせろよ〜」

などとみんなの前で言われたり、それがうまくできないと

「芸能向いてないよ」

「やる気あるの？」

と言われたり。

極め付けは、某テレビ局のプロデューサーとその男性と飲ん
だ時。

当たり前のようにホテルに連れていかれた。

３人で。

男性ふたりという状況が怖くて逃げる勇気がなかった。

お風呂に入らされ（なぜか３人で）、フェラチオを強要された。

それをする以外の選択肢がなかった。あるとは思えなかった。
2対1だ。書いている今も、その瞬間の気持ち悪さと苦しさをしっ
かり覚えている。

気持ち悪い。心が、気持ち悪い。

私がやりたいからやる、ではない、「やるしかないからやる」性行為の苦しさは忘れられない。だけど、その苦痛を悟られることすら許されない。だから、した。笑って、した。喜んでしたいかのようなやり方をした記憶がある。

　幸い、と言うのもおかしなことだが、セックスはしていない。最終的には逃げるようにして帰ってきた。それによって何か仕事を得られたこともない。

　私に仕事を振ろうとして寄ってきた男性は、テレビ局のプロデューサーに媚びるために私を使っただけだろう。

枕営業詐欺

　一番の辛い思い出は、これだ。
　もう10年近く前のこと。

　グラビアのお仕事で知り合った女の子からこんなメールが届いた。
　「今、電通の偉い人と仕事することになって、その人にゆみちゃんの活動見せたらぜひお仕事振りたいって言ってるから連絡先教えても良いかな？」
　当時、とても舞い上がって連絡先を教えたことを覚えている。
　大きな企業の跡取りを名乗り、「あなたをキャンペンガールとして使いたい、大きな仕事だから枕営業は当たり前にありますがそれくらいのやる気はありますよね？」と言われ、信じてしまった。
　実家に帰省中にこの連絡がきたのだが、
　「今すぐお話をしないとこの話はなかったことになってしまう」

と言われたので、母にお金を借りて新幹線で東京に向かった。

この男に言われて記憶に強く残っている言葉がある。

「あなたの作品（DVD）を見ました。あの条件の中であなたが表現したい思いが強く伝わってくる。それが私には分かる」

「契約金で、ご家族に恩返しをしてあげなさい」

やりたくない露出を我慢して耐えて、辛かったけど諦めなくて良かった。

父や母に、お金の面でたくさん迷惑をかけたけど、それを返せるし車のローンとか家のローンとか、恩返しができる。

バカみたいだがこの時は本当にそう思って、感極まって泣いた。この頃の私は、枕営業とは「女」に生まれた以上しなければいけないものだと思い込んでいた。

セックスとは基本的に我慢してやるものだと思い込んでいた。男性に喜んでもらうには、認めてもらうには、私は身体を使うしかないのだと思い込んでいた。

嘘みたいだけど、そんなに悩むこともなく枕営業をした。

好きではない人とセックスするのは苦痛だが、仕方ない。我慢して、しかも楽しませないといけない。そう思ってがんばった自分がいた。

全てにおいて冷静に考えられず、完全に麻痺していた。

ことを終え実家に再び戻り、信じていたはずなのに私はなんとなくネットでその男の名前を検索した。すると、その男の顔写真とともに私がされた一連の流れと同じことが掲載されたサイトを目にしてしまった。

その男は、詐欺師だった。

その瞬間涙が止まらなくなり、母に全て打ち明けた。

そして、またお金を借りて、近所の産婦人科にアフターピル

を処方してもらいに連れて行ってもらった。
「パイプカットしているから」
と言われ、その性行為で中出しをされていた。
その時の母の辛そうな顔を、私は忘れられない。
「あんたはなんで……」
母がつぶやいたのはこれだけだった。

その後、私にその詐欺師を紹介した友達と連絡を取り合い、更に助けたいと言ってくれている男性も加わって渋谷警察署に相談しに行った。
詐欺師はすでに、一度逮捕歴があったのだ。その情報もネット記事に載っていた。そしてまた同じ詐欺を繰り返していた。
しかし、警察は相手にしてくれなかった。
そして、
「仕事もらうためにセックスするんですか？」
と、逆に責められてしまった。
なぜ、私は被害を訴えに来ているのに責められているのだろう。頭が真っ白になった。この警察は私が自ら望んで仕事をもらうためにセックスをしに行ったとでも思っているのだろうか？セックスをしなければこの世界ではやっていけない、そう言われたから、受け入れるしかなかったのだ。なぜ、一度捕まっている人の話なのに私が責められるのだろう。意味がまったく分からず混乱した頭で、精一杯の質問をした。
「じゃあそういう女性には騙すとか詐欺という行為をしてもいいんですか？」
警察からの返事はなかった。
女を見下した態度に、私も話をしようという気持ちが萎えてしまった。そうだ。非は完全にこちらにあるのだな。そう思い、

もうこのことはなかったことにしようと、忘れようとした。

　私が枕営業と呼ばれることをしたのは、前述したホテルのお風呂でのフェラチオ強要と、この枕詐欺の2回。その1回が詐欺って……。

　友達からの紹介だったので、信じてしまった。その友達も同様に騙されていたようだ。

　冷静に考えればあり得ないことばかり。世間では「枕営業」と呼ばれているため、まるで自分の意思でしていたような気もする。しかし、周りの人から「それは枕営業じゃない、性接待の強要だ」と言われ、やっと気がつくことができた。私は自らの意思でやったのではない、「やらされた」のだと。

　そもそも、そんな大きな会社の人が個人に直接連絡してくるなんてあり得ないし、名刺も今切れていると言われ、ご飯代もホテル代も立て替えさせられた。今思い出しても引っかかったことがとても恥ずかしい出来事だ。

#MeToo と言いたいのは

　改めて文章にして思う、本当にばかだな。冷静な女性は、嫌なら露出をするという方法を選ばず、別の方法で自分らしさを活かそうとするし、飲み会の強要などははっきり断るし、そんな詐欺師を信用しない。

　当時の私は全て他人任せ、自分で考えたり行動したりすることを放棄していたので、こんな人たちがつけ込んで寄って来たのだ。

　同じ業界の人には、そんなの当たり前だろう、お前も我慢し

ろ、楽しそうにやっていたじゃないか、感覚がズレているから
そんな相手とセックスできるんだ、という意見もあるかもしれ
ない。

　しかし、少なくとも当時の自分は辛かったし、今思い出して
も泣けるくらいの出来事だった。

　昔のグラビアの画像を見る度に、眠れなくなる。

　撮影の前の日だって眠れなかった。

　相談した警察は女がバカだから仕方ない、と思って放ってお
いたのかもしれない。

　女がバカだから性被害が跡を絶たないのだろうか？

　いや、そうじゃない。仕事を与えるという優位な立場にいる
男が仕事をほしがる女を利用したのだ。男女の力関係を利用し
たのだ。

　自分の経験を知られるのは怖かった。でも、知ってもらうこ
とで私のような被害者が増えないことを願って、これを書くこ
とにした。

あなたのからだはあなたのもの

　#MeTooをしてから、私は自分のからだと心に向き合うこと
が何より大切で、そうすることが人生を楽しむことに繋がるん
じゃないかと思うようになった。

　そのためには、

　嫌なことは嫌と言おう。

　身体を使わなければ自分には価値がないと思い込むのはやめ
よう。

それによって今の環境がダメになったって、必ず新しい道が開けると信じよう。

自分が本当にやりたいことを本気で考えよう。

耐えることは、努力とは違う。

しかし、当時の私はそれがイコールだと思い込んでいた。

嫌なことを我慢して耐えてがんばっている。なのになんで全然報われないんだろう？　そう、思っていた。

今の私は、やりたくないことは極力やめることにした。

納得のいかないグラビアDVDを出すこと。

好きではない人とセックスすること。

好きではない人に媚を売ること。

やめたら、なんだか自分を取り戻せたような気分で、とても幸せ。

歳を重ねて、顔のたるみは正直気になる。当時唯一褒められていた体型はなかなか維持できない。相変わらず気の利いたことも言えなければ芝居も下手なまんま。

それでも、仕事もたまにある。

お金も、生活できるくらいはある。

別に女として身体を売りにしなくても、日々楽しんでいるし、当時より本当にやりたい仕事ができている。

それに、私を大切にしてくれる人やマネージャーもいる。

今、私は何も我慢していない。

当時は、我慢してもっともっと努力して、そうすれば報われると信じていた。しかし、そうじゃなかった。全然違った。

あの時、グラビアの仕事を断ったら人生終わりだ、と本気で

思い込んでいたのは大きな勘違いだった。

　私は、ここに書いたこと全てが今の活動に繋がっている。

　グラビアで露出をしたから、抵抗なく映画で濡れ場を演じられるようになった（自分が納得した作品で脱ぐのはむしろ好きだ）。

　理不尽だなと男性に思うことが多かったからこそジェンダー問題について発信したい！　と強く思うようになり、こんなことを綴っている。

　自由に生きられる今を幸せに感じられるのは、全て過去の出来事に向き合えたからかもしれない。

　しかし、そう思えなかった人もいるはずだ。

　私と同じような扱いが嫌で芸能活動をやめてしまう人もたくさんいた。性接待が苦痛で自殺を選んでしまう人だっている。

　私も当時は何回も死にたいという思いが頭をよぎった。

　そんな人に、#MeToo——大丈夫だよ、と伝えたくて告白した。

　もちろん、女性を尊重してくれる男性もたくさんいる。それに、男性だって性被害に遭った人もいる。私は苦しんでいる全ての人に寄り添っていきたい。

　あなたのからだはあなたのもの。

苦しんでいる女性へ

　今、男性へどのように接して良いか悩んでいる女性はいるだろうか。

　女性として生まれた自分を恨んでいる女性はいるだろうか。決してそんなふうに思わずに、自分のことを大切にし、尊重してほしい。

もし、不当な扱いを拒んで今の仕事がなくなっても、絶対に別の道がひらけるはず。

　がんばって無理をしないでほしい。
　とにかく自分が嫌だと思うなら、今すぐ断ってほしい。
　男性が権力を振りかざしても、断って大丈夫。
　断らない限り、自分は取り戻せない。

　誰かに相談して、
「お前がしっかりしないから悪い」
と言われるかもしれない。どうか、
「そうだ、しっかりしてない自分が悪いんだ」
と思わないでほしい。
　他人が言う「しっかり」とは、自己責任の押し付けだ。自分に向き合い、自分をいたわり、自分を尊重してほしい。そうしない限り、あなたらしく生きることなんてできない。
　私は自分の声を聞くことにした。
　あなたなら、どうしたい？

相談された男性へ

　過去の私のような女性に相談された時、男性は解決してあげたいと思うだろう。
　そんな時、言い方を少し考えてほしい。言葉によっては、女性はただ責められたと思ってしまう。
　やっぱり自分がダメだから、こうなるのは仕方ないんだ……。こうするしかなかったんだ……。

彼女たちは自信を失くしていて、とにかく自分を責めがちだ。だから、助けてあげたいと思ったなら、
「もっと自分のことを大切にしてほしい」
というような寄り添う言葉をかけてあげてほしい。

　被害にあった人たちがこれを読んで、少しでも救われたら嬉しい。
　#MeToo することを迷っている人がいたら、この私の告白を参考にしてほしい。泣きながらこれを書いて、ふっきれた自分がいることは確かだ。辛い記憶を癒やすことに少しだけ繋がるかもしれない。でも、決して無理はしないでほしい。

　私の告白が、少しでも、同じように悩んでいる方に届きますように。
　グラビアの露出だって、それが心から楽しい人はやれば良いと思うし、実際に楽しんでやっているグラドルはたくさんいる。
　ただ、嫌な人はやるべきではないし、やらせるべきでもない。
　私は今回の告白によって、誰かを訴えたいとか、謝ってほしいとか、そんなことは一切思っていない。
　ただ、今の環境が嫌ならそう言っても大丈夫だということを、男性との関係で苦しんでいる全ての人に知ってもらいたかった。
　もう我慢しなくて大丈夫。
　そして、#MeToo というハッシュタグは苦しんでいる女性を助けてくれる。

　私は、人に嫌われてもいい、仕事がなくなっても良いという覚悟で告白した。
　結婚もしていなければ彼氏もいないし、子どももいないし大

34

切な仕事が決まっているわけでもない。特に守るものもないのだ。

でも、結果ひとりじゃない。寄り添ってくれる人がたくさんいた。#MeToo、そして #WeToo。

みんながもっと自由に生きられる世の中になりますように。

フェミニストであることを
めんどくさがられたって

私って、めんどくさい女？

知人とジェンダー問題について話をすることはあるだろうか？

この本を読んでくれている人はフェミニストだろうか？

もしそうならば、あなたはジェンダー問題の話をした際にこんな気持ちになったことはないだろうか？

「ちょっと強く言いすぎたかな？」

「もっと優しく言ってあげなければいけなかったかな？」

「言い方を考えなければ伝わらないかな？」

「めんどくさい女だと思われたかな？」

「うっとおしいと思われたかな？」

「敏感すぎる、疲れる女だと思われたかな？」

「もう遊びたくないと思われたかな？」

「みんなで私のこと、あいつはうるさいって言ってるんじゃないかな？」

私は、2017年末に #MeToo をしてから、自分なりにジェンダーや男女平等、性差別の問題を勉強してきた。

　もちろんまだまだ知らないことは、本当にたくさんあるが、今の時点で私が知ったことは、「"女性である"ということで受けてきたたくさんの差別があった」ということ。

　家の電話にいたずら電話がかかってきて、知らない男に「オナニーしたことある？」と聞かれること。

　道を歩いていると知らない男が突然タメ口で話しかけてくること。無視すると「ウゼー」なんて言われること。

　高校生の時に個人経営のマッサージ屋さんでバイトをしていて、（普通にタウン誌などにバイト募集が載っていた）個室で男性客相手にマッサージをしていたらレイプされたこと（何が起きているのか理解できず、思考回路が停止して何も言えなかった。終わった後3000円置いていかれた。私が泣いていたので雇い主も慰めてきたが、客を怒ってくれなかったので悪いことをされたのかどうかの判別もつかなかった）。

　はじめてピンク映画にキャスティングされた際、監督にミニスカートを履いてくるように言われたこと。そして顔合わせの後、監督の事務所にひとりで呼ばれたこと、下着をつけずに来るように指示されたこと。

　価値がないから早く脱げと匿名の掲示板やブログのコメントに書かれたこと。

　グラビアで乳首が写ってしまったものを勝手に発売されたこと。

　性接待を強要されたこと。

　性接待の詐欺に遭ったこと。

　街で男の人にぶつかられること。

　テレアポのバイトをしている時に「女じゃ話にならない」と言われたこと。

飲みに行くと見た目のことをネタにされたり、結婚していないことや子どもがいないことについて説教されること。

芸能の仕事以外の場面で、見た目をジャッジされること。

持論を淡々と冷静に話すと「怖い」とか言われ、逆に気持ちを込めて話すと「ヒステリー」と言われ、話を聞いてもらえないこと。そしてそれを女性特有のものとされること。

ツイッターの DM で性器の画像が送られてくること。「やらせろ」などの DM が届くこと。

書き出したらきりがないのでこの辺りにしておくが、これらはきっと私が「女性」だからだと思う。男性であったらこの被害のほとんどはなかったんじゃないか。

女性であったから受けた被害なので、性差別だ。今までずっと、なんて説明していいのか分からないこの恐怖と怒りは、性差別が原因だったわけだ。

「女性」であるというだけでこんな扱いをされるのは、腹立たしくはあるけれど、それに気づいた後は霧が晴れてまったく違う世界が見えたような気分だった。だって、私が嫌な思いをする原因の多くは私の性格とか行動とかじゃなく、「女であること」だったのだから。

それと同時に、すごくしんどくもなった。それは、仲の良い人が当たり前に性差別をする場面に日常的に出くわしてしまうから。そしてそれに気づいてしまうから。

今まではほんの少しの違和感であったことが、明確に「これは女性蔑視だ」と分かってしまう。あぁ、これ、本当にしんどい。

だけれど気づいてしまった以上、黙っていることは私にはできない。

闘いたい。なぜそれが性差別になるのか、女性の意思を無視

していることになるのか、女性を同じ人間としてみていないということになるのか。ミラーリングして、具体例を挙げ、やり込めたい気持ち。

　だけれど、こんなふうに言われたことはないだろうか？

・考え方の違いだから。
・各自の正義があるからね。
・女性専用車両は？
・今の時代男尊女卑なわけないじゃん。
・男だって大変なんだよ。
・（痴漢問題の時の）冤罪の問題はどうするの？
・女とか男とかの話してねーから！
・もっと伝わりやすい言葉でないと伝わらないし、それじゃあ
　何も変わらないよ？
・差別はなくなんねーんだよ。
・そんなの一部でしょ？
・女は男に力で頼ったりするのに権利を主張するのか？
・むしろ女性優遇されてるでしょ？
・女とか男とかじゃなくてお前の問題でしょ？
・俺の周りにはそんなやついないよ、お前の周りに変な人が
　寄って来るだけじゃない？

　etc……あるあるすぎない？
　これ、ツイッターではよくある。セクシストとのやりとりはだいたいこんな感じだ。だけどね、ネット上だけでなく、リアルにいる。びっくり。

38

私を救った本の話

　私は2018年、たくさんの仲が良かった男性と今までしたことのなかった言い合いをした。
　そしてその後必ず私は私に、こんな悪態をついていた。

「うるさい女だな」
「めんどくさい女だな」
「笑って流せよ、飲みの場なんだから」
「ムキになってみっともない女だな」
「みんなお前のことうるさいやつだって陰で言ってるよ」
「なんで相手に伝わるように話してあげられないの？」
「ヒステリー女」
「敏感すぎる」
「空気の読めない女」
「意見の合わない人を排除して自分の考えだけを押し通そうなんて、ただのわがままだよ、相手の考えも受け入れる努力をしろよ」

　だいたいこんな感じ。その1年間、常に頭の中に私の悪口を言うもうひとりの私が存在していた。そしてそれはとても苦しいことだった。

　でも、そんな私を救ってくれた1冊の本に出会えた。それは、『私たちにはことばが必要だ　フェミニストは黙らない』（イ・ミンギョン著、すんみ・小山内園子訳、タバブックス刊）。
　全ての文章が私の心を解放してくれる最高の内容だった。とにかく全てのフェミニストの方に読んでほしい。

日本語版によると、ミンギョンさんは2016年5月17日にソウルの江南のトイレで、ある男性が無作為に選んだ女性を殺害した事件をきっかけにこの本を書かれたそう。その理由はミソジニー（女性嫌悪）によるもので、このニュースを見てからそれまでとは同じように生きることができなくなったとミンギョンさんは述べている。女性が女性差別と闘うためには自分たちのことばが必要だと考えたのだとか。
　紹介したいことばが多すぎるが、特に私に響いたのはこれ。

　よくよく考えてみると、「理解させるためにがんばる」ということには矛盾があります。理解はもともと、してもらうことではなく、することだからです。

　そもそも、女性が「性差別がある」と言っているのに男性は「ない」と反論する、それ自体が性差別だ。女性の思いを聞こうとしていないのだから。
　そして、本来差別の問題は男女ともに考えるべきなのだ。でも、学校などの教育の場で、こういったことを考える機会がなかったし、みんなもそうだったんじゃないか？　きっと子どもの頃からジェンダー教育を受けていたら、状況はもっと違ったように思う。
　私たちが無関心だっただけで、きっと「女性蔑視が日本にはある」ということを知るヒントになる出来事は日常的にあったはずだ。

　差別の問題は、人権の問題だ。許される問題でもなければ、「考え方の違い」などで済ませる問題ではない。「差別はしてはいけない」、当たり前すぎるがこれしかない。

40

性差別をなかったことにする立派なセクシストになってしまう前に、（性別問わず）自分が差別をしている側かもしれないこと、みんなで考えてほしいし、私も考えていきたい。

私はもう絶対に黙らない

それでも思考を停止させた腹立たしいセクシストがいつの世にも存在する。そんな人たちは本当に面倒だし、私の人生に関わってほしくない。シャットダウン！

でも、時に思う。そんな人たちに向き合うのもフェミニストの優しさなんじゃないか？　ベタな表現だけれど、私はみんなの幸せを心から願っている。だから面倒な差別の問題にクソ真面目に向き合っているのだ。そんな自分を讃えていきたい！最近はそんなふうに考えるようになった。

それでも、時に不毛な会話になってしまうことがあるかもしれない。そんな時には、『私たちにはことばが必要だ　フェミニストは黙らない』の「実践編　Ⅱ.セクシストにダメ出しする」という、簡単に言うならば「こういう返しをしましょう集」が私の背中を押してくれる。

どうかフェミニストのみなさんが、差別をなくしたいと願っているみなさんが、これ以上心ない攻撃で傷つけられませんように。

穏やかに生きられる毎日が訪れますように。

時代はきっと確実に変わっていく。

私はほんの少し最近学び出したばかりのひよっこフェミニストだけれど。今までずっと闘ってきてくれた先輩フェミニスト

たちに感謝をしつつ。

　全ての人がフェミニズムは自分にも関わることと考える日がきますように。フェミニストであることをめんどくさがられたって、私はもう絶対に黙らないって決めた。

仕事でパンプスやヒールを強制されてしまう話 #KuToo

　ある日、連日の立ち仕事で足と腰が痛くて死にそうだったので昔のことを思い出しツイッターでこんなことを呟いた。

私はいつか女性が仕事でヒールやパンプスを履かなきゃいけないという風習をなくしたいと思ってるの。
専門の時ホテルに泊まり込みで1ヶ月バイトしたのだけどパンプスで足がもうダメで、専門もやめた。なんで足怪我しながら仕事しなきゃいけないんだろう、男の人はぺたんこぐつなのに。

（2019年1月24日　本人のツイッターより）

　高校卒業後、私は観光ビジネスを学ぶ専門学校に入学した。その学校のプログラムにはホテルのラウンジに泊まり込みでバイトをする研修があった。慣れないパンプスで足を怪我しまくったので（靴擦れ、小指の爪が削れる・血が出る、足の指の変形）、ホテル業は無理だ！　と思い、私はその研修が終わった後思い切って専門学校をやめてしまった。

靴がぺたんこで、つま先がもっと広いものだったらよかったのにな、と何度思ったことか。

　履きこなしているみんなはすごいな、我慢できない自分はダメなのかなぁとか甘いのかなぁとか、なんで自分に合うパンプスに出会えないんだろうって、その後14年間ずっと思ってきた。

　そして2018年の春、私は葬儀のアルバイトを始めた。この仕事もパンプス指定。面接に受かり、配布されたスタッフ用のハンドブックに服装規定として、「ヒールは5センチから7センチを目安に」、と書いてあった。その通り5センチのパンプスを履いて仕事をしたら初日から歩くのも大変なほど足を痛めてしまった。なのでごまかしつつ3センチくらいの「幅広」タイプを使っていた。会社からストラップはなしと口頭での説明もあった。

　行き帰りはスニーカーに履き替え、現場入りする前にパンプスに履き替える。ただでさえ荷物が多く、遠くの現場まで行くのに、「邪魔だなぁ、けど会社で決められていることだし、というか世間一般的にそういうものだし」と思ってアルバイトをしていた。

　その勤務中、同じ現場で働く男性スタッフが和室に上がる際に脱いだ革靴が何気なく目に入った。その時に思った。

　「私もこの靴で働きたい……羨ましいな」

　ホテルのラウンジの仕事も葬儀の仕事も私としてはすごく好きな仕事だが、いつも足の痛みと闘っている。正直、

　「なんでこんなところに労力を使わなければいけないの？」

　という気持ち。

　仕事をしていて何よりも考えたいことは、どうしたらなるべく足が痛くないように、どうしたら足音を立てないように機敏に動けるかということよりも、どうしたら御葬家様が安心して

43

葬儀を終えられるか、どう動いたらお式がスムーズに進むかということ。自己負担でオーダーメイドのパンプス（それも痛くならない保証はない！）にお金をかけるのなら、式場スタッフが持っていると列席者や住職が助かる半紙とかお盆とかお寺さん用のお上品な茶器とか、そういう葬儀特有のものを購入したい。そう思ったからだ。そんな中、前述のツイートを何気なく投稿したところ多くの方から共感してもらえた。

　同じように感じている人がこんなにいたんだと、とても嬉しく思った。

パンプスやヒールが指定されることの問題点

　私が思う、パンプスやヒールが指定される問題点を大きくふたつにまとめてみた。

1、同じ業種の中で男女の履物に違い・差があること

　まず、私が今回このツイートをしたきっかけは自分が男性の靴に注目したからだった。

　「同じ業種・雇用内容でなぜ男性はフラットな革靴で、女性はパンプスやヒール指定なのか」

　男性もヒールを履いていたら、「この業種にはパンプスやヒールの必要性あるんだな」と思う。

　しかし、私が就いていた職業は決してそうではない。男性がパンプスでもヒールでもないならば、この仕事にパンプスやヒールは必須ではないわけだ。

　私の希望は単純に「男性と同じ革靴にしてほしい」。それだけだ。私の想像ではパンプスやヒールよりはフラットな革靴の

方が足に負担がなさそうだと感じるからだ。

「こっちだって革靴が辛いんだ！」と対抗してくる男性がいるが、私のように「女性と同じヒールやパンプスにしてほしい」と言わないのはなぜだろう？　負担になりそうだって無意識に分かっているからではないか？　女性と男性の靴のタイプが違っていることがあまりにも日常的すぎて疑問に思わないことは当たり前かもしれない。でも、こういう身近なことから「当たり前」を疑い、「性役割」について考えることが私は大切だと思う。

2、身体に負担のあるものを仕事上強制することの意味

そして、次の問題点が身体に負担のあるものを仕事上で強制することの意味、だ。なぜ、痛くて怪我の危険性のある靴を履く必要があるのだろうか？　その意味は？　「女性だから」なのであれば問い直す必要がある。

これをきっかけに男性の革靴・ネクタイなどの強制も同じように変わっていくといいなと思う。

真夏のジャケット着用、制服のような就職活動スーツなど、とにかく合理的でなく、謎のビジネスマナーがたくさんある。本当にその仕事を遂行するために必要なのか、むしろなくした方が効率が上がるのではないのか。そう思えるものはたくさんあるので、見直しが必要なんじゃないかと思う。

論点がズレているたくさんの意見

ツイッターに投稿後、たくさんの意見が私に届いた。

ひとつ言っておきたいのは、先ほど例に挙げた問題点1を飛

ばして2に行こうとすることに私はとても違和感を覚える、ということ。

　私に届いたリプに、「革靴だって辛い」とか、「男性と比較するから意見を聴く気がなくなる」「差別の仕返し」などがあったが、私は今回同じ職種なのに男性と女性の靴が違うことについて言及した。男性が辛いと感じている幅の広い革靴を私は履きたい。

　男性より楽をしたいわけではない。男性と同じ状態にしてほしいのだ。

　なぜ、「女性が男性と同じ状態にしてほしいと訴えること」が仕返しにあたるのだろうか。

　「ビジネスの場なのだから、なんでもかんでも廃止にできないのが社会というもの。歩み寄りが必要だ」というリプも届いたが、男性の革靴がビジネスの場で許されているのだから、女性向けのルールをそれに揃えることがなぜ叶わないのか。

　「履かなくて良い仕事を選べば良い」に関しては、このような理由で職業の選択が狭まること、そしてそこに性差があることを私は問題点としている。

　男性はホテルの仕事を選ぶ時に、「パンプスを履けないんだったらこの仕事を諦めろ」とは言われない。

　「良いパンプスを選ぶ努力をしろ」というような意見もあったが、私はそもそもパンプスである意味は？　と言っているのだ。男性と同じ革靴になったらその意見だって分かる。

　だけれど現状は違う。

　私がパンプスやヒールについてツイートをした時、本当にたくさんの「男性だって」という枕詞がついたリプがきた。

　男性も困っているならば、その時その時に声を上げてほしい。「男性だって」という決まり文句を、意見を述べた女性を黙ら

せるための道具として使うのはもうやめてほしい。

これほど不毛な会話はないと感じた。

「ヒールやパンプスは辛い、男性と同じ靴を履きたい」に対して「男だって大変なんだ」。これじゃあ、どちらの不満も解決しないじゃないか。

女性の「同じにして」を男性差別や優遇、わがままと感じるのはなぜ？

女性専用車両についてもよく話題にのぼるが、女性が権利を主張すると必ず「逆差別」「女性優位」などと言われる。

女性専用車両は電車で性犯罪に遭わずに済むためのものだし、過去に痴漢やレイプにあった女性は男性恐怖症になって電車に乗ることができない人もいる。社会的配慮だ。今回のヒール・パンプスだって男性と同じようにつま先のつまった靴やヒールのある靴を履かなくても良い状態で働ける権利がほしいわけだ。

男性の革靴を飛び越えてスニーカーにして！　と言っているわけではない。

今のように割合として男性よりも女性の方が性犯罪に遭いやすい状態、女性の方がヒールやパンプスを履いて仕事をしなければいけない状態。この状態を男性は「社会的につくられた性差異」と気づいていないから、女性が男性と同じ権利を求めた時に違和感を覚え、男性より優遇してほしいと言われたような気になってしまうのではないか。

男性も辛い思いをしているなら、私たちが声を上げた時だけでなく普段から意見を言ってほしい。

女性がオフィスカジュアルで男性はスーツ指定、女性は髪型自由で男性はダメ、これらはヒールやパンプスの問題と同じものだと思う。私は男性に「なんで女性はいいの？」と言われた

ら、「そうだよね、なんで女性は髪を明るい茶にカラーリングしてもいいのに男性はダメなんだろうね」となる。男性が私たちと同じようにスーツを脱いでオフィスカジュアルで出勤したり、同じように髪の色を変えても私たちは何も困らないからだ。私たちと同じ状態になっただけなのだから。

　男性が「スーツは夏なんか熱中症にもなるからきつい。女性はオフィスカジュアルでいいなぁ」と訴えることに女性は違和感があるだろうか？　女性に対する差別的発言だと思うだろうか？　そしてその意見に、「オフィスカジュアルだって毎日洋服選ばなければいけなくて大変なんだよ！」と反論されたら男性はどう感じるのだろうか？　あれー？　今こっちの話してなかったっけ？　すぐ自分の話にする会話泥棒め！　と思うんじゃないだろうか？

　会話でもSNSでも、自分の話にすり替える人にはウンザリだ。私はもっと根本的な話をしたい。

　みんなが働きやすい環境をつくっていくことはもちろん最終的な目標だ。

　だが、その前段階にある性差をなかったことにしてそれを目指すのは、どこかでまたひずみが生まれるのではないか。私はそう感じたので、男性との差異の話を出した。

　イギリスでは、ハイヒールを履かなかった女性がその日に解雇され、「時代遅れで性差別的」な服装規定を違法とするよう、政府に訴えるため署名を集めた。なんと3日間で10万件の署名が集まったそう。イギリスでは平等法により本来はハイヒールの強要は違法。しかし、一部の業界ではまだ平等法が効力を発揮していなかったようで、この署名を受けもう一度平等法を迅速に見直すという対応がイギリス下院議員で行われたようだ。そして政府により請願が審議され、パンプス等の強制は性

差別であり違反だということが確認され、ジェンダー平等の観点から望ましい就業規則を作るよう通達が出ている。[6]

　多くの方に私が本当に訴えていることが伝われば良いなと感じた。

　そして何かしら、パンプスやヒールが強制されてしまう社会を変えるようなアクションができたらな……と思い、私は署名キャンペーンに踏みきった。

#KuToo に関わってくださった
みなさんへ、感謝の気持ちを込めて

　ツイッターで、仕事でのパンプス着用の不満を投稿した私は、その後 Change.org で「#KuToo　職場でのヒール・パンプスの強制をなくしたい！」という署名活動キャンペーンを始めた。発信後、予想以上の反響があり、あっという間に 1.8 万人の署名が集まった。

　そして 2019 年 6 月 3 日、厚生労働省雇用環境・均等局雇用機会均等課へみなさんの署名とコメント、そして要望書を提出した。

　これが思った以上にニュースになって、本当にびっくりした。

　ご協力いただいたみなさん、本当に感謝しています。

　それにしても海外からの注目がすごかった。イギリスの

6　https://www.newsweekjapan.jp/stories/world/2017/02/3-49.php

「BBC」、「The Guardian」、フランスの「L' OBS」、「France Info」、アメリカの「CNN」、「The New York Times」などなど、15社以上のメディアが取り上げてくれた。海外メディアの人たちは日本でこのような動きがあることが珍しいと揃って口にしていた。

そして、6月5日の衆議院厚生労働委員会で、この件について立憲民主党の尾辻かな子議員が賛同し、根本匠厚生労働大臣に見解をうかがってくれた。それに対して根本大臣は「社会通念に照らして、業務上必要かつ相当な範囲であれば、そうした服装規定は受け入れられる」との回答。

まず、残念に感じたことは「社会通念」という言葉が何回も出てきたこと。

今回の署名活動は、「怪我をして健康を害しているにも関わらず、マナーとしてパンプスやヒールが義務付けられることはどうなのか？」というものなので、「社会通念とはいったいなんなのか？」「社会通念によりヒールやパンプスが必要とされる仕事とは果たしてあるのだろうか？」ということころが論点だった。

しかし、彼のこの発言によって、多くの人に気づきがあったと思う。それまではパンプスと社会通念が結びつくなんて思いもよらなかったのではないか。それこそが大きな問題であったと思う。

おそらく大臣もそのひとりで、私の要望をそこまで理解していなかったのかな？　という印象も受けた。男性にヒールやパンプスの苦労というのはなかなか想像し難いと思うが、これだ

7　https://www.tokyo-np.co.jp/article/politics/list/201906/CK2019060602000162.html（パンプス強制「業務で必要」　厚労相容認？の発言　反対「＃ＫｕＴｏｏ」広がる中）

け多くの人がこの件で困っているということ、怪我をしながら働いているということをもう少し重く受け止めてくれたら嬉しい。

　その後の高階恵美子厚生労働副大臣のコメントは、「強制されるものではない」とのこと。とてもありがたかった。そして、高階副大臣の「職場で強制しているところがどれくらいあるのか私も承知していないんですけど」との発言をきっかけに、BUSINESS INSIDER JAPAN がいったいどれくらいの女性が職場でパンプスやヒールなどを義務付けられているのか、今回の署名に関する記事の最後にアンケートを掲載してくれた[8]。

　尾辻議員は「ジェンダー・ハラスメント、性差別の観点」からも言及してくれた。この件がジェンダー問題で性差別であるということが少しでも認識されていけばいいなと思っている。
　とにかく、署名してくれたみなさん、本当にありがとうございました。ここがゴールかしらと思ってしまったが、実はこれが第一歩。ここまでこの運動を大きくしてくださって本当にありがとうございます。1 日でも早く、多くの人が足に合わない靴から解放されますように。そして、「こうしなければいけないからこうする」ではなく、「こうしたいからこうする」が当たり前の世の中になったらいいなと思う。

○この署名に賛同してくださった男性のみなさん
　ご自身のことではないのに、署名をしてくれて本当にありがとう。その優しさに、多くの女性が救われた。

8　https://www.businessinsider.jp/post-194338（ルール変えるにはけが必要？パンプス強制 7 割 NO【#KuToo 1238 人調査】）

そして、引き続きのお願い。私たちは、日常的な差別への抗議や男性がすでにもっている権利を得ることに精一杯で、余裕がないことがとても多い。

　足を怪我しながら仕事でパンプスを履いたり、この運動をして多くの反発を受けたり、仕事も家事も完璧にしたり、痴漢や性犯罪に遭わないように、それでも遭ってしまった時に責められないように常に気を張ったり、仕事中のセクハラを笑って受け流す技術をうっかり身につけてしまったり、時に入試で差別されたり、時に駅で女性を狙った男性にぶつかって来られたり……。

　もし今後、今回のパンプスの件のように「あれ？　これは女性の方に負担が大きいんじゃないか？」と感じることがあったなら、みなさんの可能な範囲で何かアクションを起こしてくれると本当に助けられるし、ありがたい。女性は様々な決定権が男性にあることが多いと感じている。私たちに共感して、一緒に声を上げてくれると効果的なのだ（そう、カナダのトルドー首相が自分はフェミニストだと宣言したように……）。もちろん私たちも、男性が抱えている世間から求められるプレッシャーや「男らしさ」などからの解放のお手伝いをしたい（たとえば、真夏の半強制的なスーツ、ネクタイ着用、男性の育児休暇取得の難しさへの抗議など）。

　女性は妊娠出産で強制的に長期間仕事を休まなければいけないことが多く、それを理由にまだ結婚もしていないのに産休をとるだろうと勝手に決められ採用枠から外され……。家事育児を男性と同等に配分できたり、子どもの頃から「女の子だから大学行かなくてもいいよね」と言われず、時に入試で差別されたりせず、結婚しても結婚前と同じように働くことができて、男性と同じように仕事に打ち込むことができる……これらのこ

とが実現できれば、

「男性は女性と食事に行く時に奢らなければならない」

「男性は一生家族を養わなければならない」

といったプレッシャーから男性を解放できるんじゃないだろうか（もちろん、大切な日にはごちそうしてほしい！　そして私も同じようにごちそうしたい！）。価値観はひとりひとり違うので、「一生養ってくれなくていいし、自分もバリバリ働いて、家事は分担制」を望む女性もいるかもしれないし、仕事よりも家事を優先したい男性もいるかもしれない。

「らしさ」の刷り込みのせいか、このような人たちの考え方は受け入れられにくい。

「男らしさ」「女らしさ」。強要されない限りにおいて、私はこの言葉が嫌いではない。女性のヌードを見ることが好きだし、男性の鍛えた身体も美しいと感じる。そういう意味での「らしさ」だ。 だけれど、役割を求めるために他人が強要する「らしさ」となると話は違う。

「男らしくいたい」「女らしくいたい」「男らしくいたくない」「女らしくいたくない」、それらを自分で決められるような世の中になってほしい。こうなれば、今より幸せになる人はいても、不幸せになる人はいないはず。

そして、こんな世の中になるには、私たち女性に寄り添ってくれる男性の存在が必要不可欠なのだ。

どうぞ今後も、引き続き仲良くしてください。

そして、もしもあなたが男性として生きづらいことがあるならば、ぜひ恥ずかしがらずに教えてほしい。私たちの口をふさぐためではなく、それを打ち明けてくれるのは女性にとってとても嬉しいこと。きっと、私たちにも何かできることがあるはず。

連帯すれば、より良い未来を目指せるはずだ。

○ヒールやパンプスが好きなのに署名をしてくださったみなさん

特に強制もされておらず辛い思いをしているわけではないのに署名をしてくれて本当にありがとう。

ニュースなどでは切り取られて報道されることが多く、パンプスやヒールを否定していると受け取られてしまうことが多々あります（取材では必ずそうではないと伝えているが、限られた時間や字数の都合でそれが省かれてしまうこともある。ごめんなさい）。

そんなことは絶対に思わないし、これからも、素敵なパンプスやヒールをみなさんが心から楽しんで、自分らしくいられる靴を選んでほしい。

○同じ思いで署名してくださったみなさん

私のちょっとした愚痴ツイートから広まったこの運動に共感・賛同してくれて本当にありがとう。

みなさんが「私も」と言ってくれなかったら、この運動は絶対に広がらなかった。

ずっと、心にしまいながらどこか疑問をもちながら、足を痛めるか今の仕事を諦める、そんな人生をたどっていたと思う。

私は芸能の仕事をしているし、「#MeToo」のことがあってからは女性の人権についての発信をしていたので、このことで何か立場が悪くなってもそれは活動の一環で大した打撃ではない。でも、みなさんにはそうではない人も多いと思う。

中には、この署名活動をご自身のSNSで広めようとしてくださったところ、心ない言葉を浴びせられた人もいるそうだ。本当にくやしい。

私自身、最初のつぶやきに対して親しくしていた友人から「逆

差別」「フェミを盾になんでも言っていいと思っているように見える」など言われ、縁を切った人もいた。

それだけ、女性が違和感に声を上げることへのハードルが高いのだ。家父長制がまだはびこっているこの日本では。

それにもかかわらず、本当にありがとう、嬉しかった。

どうかみなさんの日々の生活の負担にならない程度に、今後も引き続きお付き合いいただきたい。よろしくお願いします。

○最後に、私や #KuToo に対してクソリプしてくれたみなさん

みなさんがハッシュタグをつけてツイートをたくさんしてくれたおかげで、この運動がすごく盛り上がった。

女性が声を上げたり、差別に関しての運動をするとこんなに意味不明なバッシングがたくさんあるんだ、ということも可視化されたと思う。

そして、みなさんのたくさんの意見に対して、（140字以内で！）ひとつひとつ対応していくことで、私が厚生労働省にこの署名を提出する時に明確に説明しなければならないこと（なぜこれが性差別にあたるのか、実際に指定されている会社はあるのか、どれくらいの怪我をしているのか、TPOはどうなるのか、など）を、署名開始時に比べかなり早く簡潔に答えられるようになっていた。もう、それは、限られた字数で短歌を詠むような気分。

これは本当に、大げさでなくみなさんのおかげだ。

ハイヒールやパンプスの歴史や男女雇用機会均等法など、調べなくてはいけないことにも気づき目を向けることができた。

本当にありがとう。

よろしければ、これからもクソリプしてください。

そして、安心してほしい。この運動がうまくいっても、みなさんの人生に何の変化もありません。引き続きハイヒールやパ

ンプスを履く女性もたくさんいるだろう。

　うまくいけば、男性も革靴から解放される日がくるかもしれない。楽しみに待っていてね。ちょっとムカつくけど。

　#KuToo に関わってくださったみなさん、本当に心から感謝しています。

　全ての人が自分らしく、幸せな人生を送れますように。

2
#KuToo
バックラッシュ実録
140字の闘い

2019年6月3日、石川優実はChange.orgの#KuTooキャンペーンで集まった署名を厚生労働省に提出し、賛同者へツイッターとブログで報告した。

　それと同時に、彼女へのリプライや引用リツイート機能による誹謗中傷、#KuTooのハッシュタグをわざわざつけたバッシングツイート——いわゆる“クソリプ”が数えきれないほど投稿された。

　#KuTooの要望は「健康問題に関わる職場でのパンプス着用強制を見直してほしい」「パンプスの苦痛を軽減するために、男性と同じタイプの革靴を履ける選択肢がほしい」という理にかなったものだ。このキャンペーンの趣旨を一読すれば、パンプス愛用者を否定するものではなく、男性より女性を優遇するものでもないと、誰にでも理解ができる。

　にもかかわらず、ハンドルネームの見ず知らずの人びとは「たかが靴ごときで」「男性だって辛いんだ」などの言葉で女性の苦痛を蔑み、石川優実の過去のグラビア活動をもち出しながら「靴を脱ぐ前に服を着ろ」といった激語で彼女を傷つけた。

　しかし、石川は怖めず臆せず、それらひとつひとつに平静に、真っ当に、あざやかにリプライしていく。石川のフォロワーのタイムラインは一時期このやりとりで埋め尽くされることがあった。

　相手は「自分が絶対的に正しい」と言わんばかりに、どうにか石川を遣り込めようと執拗に攻撃し、言い負かせなくなると論点をずらしてさらに食い下がる。石川から返答がないと「反論できない」とする幼稚な思考、上から目線の語気、むきだしのミソジニー感情。これらの出どころであるアカウントのプロフィールを確認すると、「日本を愛してやまない」「愛国にめざめてみた」といった「愛国心」や「伝統」を重んじるタイプや、「安倍総理支持」といった夫婦別姓やパリテに消極的な内閣を支持

する人も少なくない（ついでに言えば、アカウントはほとんどが匿名で人物特定できないが、このタイプと反対の思想をもつと思われる、たとえば安倍晋三首相の公式ツイッターにリプライで批判投稿する人びとの多くもハンドルネームであり、同じような語気が目立つ）。

　また、グラビア時代のファンでなければ所有していないと思われる、男性の性欲を満たすための雑誌や写真集の画像を無許可で貼り付け、「こんな仕事をしていたくせに」といった中傷的な書き表しで投稿・拡散する人びとも目立った。

　2016年、小金井市でシンガーソングライターの女性が男性ファンから刺傷される事件があった。この男性の犯行理由は、贈ったプレゼントを返却されたから。偶像化していた女性が自分の意思に反した言動をとると逆上して傷つけたのだ。

　石川優実を過剰に非難する人たちも、彼女が物言わず自分の欲望を満たしてくれる「人形」だと信じていたのに、人権を主張するひとりの人間だと分かった時、裏切られたような気持ちになったのだろうか。

　これらの人びとの主張からは、根拠なく自分が正しい側にいると確信し、声を上げる女性を受け入れられない人物像が浮かぶ。もしかしたら、この人たちも石川のように何か訴えたいのに、実生活でその声を拾ってもらえないのかもしれない。彼女のことがうらやましいのかもしれない。

　この章では、石川を攻撃したクソリプをツイッターの中から引っ張り出し、スマホを少し脇に置き、「物言う女」に嫌悪を抱くメンタリティーの危うさを読者とともに考えていきたい。

（編集部）

Tweets

イマガー　@imager52
単純な疑問やねんけど #KuToo ってやってる人は自分の結婚式でもハイヒール履くの嫌なんかな。
https://twitter.com/imager52/status/1144469751504093184

石川優実
#KuToo は職場での問題です。

Tweets

和　@qv9sLOdVefome0D
グラビアの仕事の時はハイヒールを履いて葬儀場のアルバイトの時はハイヒールを履きたくない？矛盾した話です。#kutoo
https://twitter.com/qv9sLOdVefome0D/status/1135656968272502785

石川優実
何が矛盾していますか？業務上、必要があると言えれば無理してでも履きます。葬儀の仕事でヒールは必須ですか？ならばなぜ？グラビアの仕事は見せることが仕事ですし、立ち仕事ではないのでそこまで負担もありません。

#KuTooの目的が
まったく分かってない系

　まぁ結婚式でハイヒール、履いても履かなくてもいい
と思うけど。この人には「女性は結婚式でハイヒール履
かなきゃ失礼」みたいな固定観念があるんだろうなぁ。
最近は自分の結婚式にもヒール履かない人がちょこちょ
こいるようです。ゲストにも「新婦がヒールを履かない
ので列席者も履きたくない人はぺたんこでどうぞ」みた
いなお知らせしている結婚式の案内状を見かけたなぁ。
一生の思い出になるような日が「足が痛い」っていう記
憶でいっぱいになったら嫌だもんなー。ま、#KuTooは
職場での義務付けの話をしているので、結婚式など自分
で選択できる場面は論外ですが。

　これに続いて下のやりとりも不毛だね。「業務上必要が
あるかないか」というのは#KuTooにおいて大切なんです。
あと「足に負担があるかないか」ということも。グラビ
アは自分の身体を魅せることが必要なので、イメージづ
くりでヒールが必要な撮影もあるでしょう。立って歩き
回るようなこともないから怪我もしないしね。どうも運
動の趣旨をまったく読まずに、勝手に「ヒール否定運動」
だと思い込んでるみたい。批判する時は署名ページくら
い読んでほしいな。

Tweets

al　@al06532288

多分この人じゃなくもっと誠実な人がこの運動をしていたら、今より署名が集まったのではないかと思います。
https://twitter.com/al06532288/status/1139835918716567552

石川優実

誠実な人が今まで誰もしてくれませんでしたからね。

　・　　・　　・

勝手に #KuToo を
総括してる系

　これほんと腹たつー　笑。「性格が悪いせいで運動が
うまくいかないんですよ」とか、「別の人がやればもっ
と反響があったのに」とか言ってくる人ね。私に会った
ことあんのか？　2019年まで誰ひとりやってくれなかっ
たじゃん。たくさんいるであろう誠実な人たち、じゃあ
あなたなんでやらなかったの？　って感じ。こういう人
は今私がやっていることぜーんぶ引き継いでくれるんか
な？　バイトもなかなか行けないし、経費はかかるし、
ギャラなしで取材も受けなきゃいけないし、こうやって
どこの誰だか分からない意味不明なアカウント名の人か
ら文句言われて……。私がこの運動を始めていなかった
場合、誰かがこの運動を始めたかもしれない確率って結
構低くない？　そこは自信をもって言える。やらないよ
りはずーっとマシになってるんだから。「別の人ならもっ
とうまくいっていた」なんて絶対に証明できないことを
ツイートして批判するなんてめっちゃ意地悪だし嫌い。
こういう人が運動の足を引っ張るし、ツイッター界には
わらわらいる。プロフィールで「反日はどこの国の人で
も許しません」って宣言してるけど、私は反 #KuToo は
どこの国の人でも許さない！（「女なんだからヒール履くべ
きだ！」って人が反 #KuToo の人。誤解なきよう）。

Tweets

たお　@tao0107

あー見た見た。「ジェンダー平等」とか頭悪い言葉遣いしてんなぁと思った。#KuToo で受けて芸能界をのし上がってやる！と意気込んでるのが最後の写真からよく伝わる。せめて #ShoeToo とかにすれば海外でも伝わるだろうにね。くーつー、じゃ、日本でしか取り上げられんわ。
(削除されているため、スクリーンショットからの引用)

石川優実

むしろ海外からの取材だらけなんだけど見つけられないのだろうか

#KuToo は
日本限定だと思ってる系

　めっちゃドヤしてるけど、おしい！「#ShoeToo」ね、靴の意味を含んでて #MeToo の語呂にかかってるまではいいんだけど、肝心の「苦痛」がどっかいっちゃったぞー。センスないな。というかこの運動、日本よりもむしろ海外で報道されていることをこの方は知らないのかしら？報道される際にしっかりと、「#KuToo – a portmanteau of the words kutsu (shoe), kutsuu (agony) and MeToo 」*というような補足してくれるメディアが多かったし。自分が見たことだけで、それが全てかのように発言をしてしまうのはある意味すごいな。後から恥ずかしくなったりはしないのかな？　あ、恥ずかしくなったからこの投稿削除したのかな？　残念でした、しっかり私のクソリプセレクト集の中には入ってました。スクショもね。あとわざわざカギカッコ付けてるけど、ジェンダー平等って言葉を私がつくったとでも思ってるのかな？　用語なので「言葉遣い」って言われても……。あと、「くーつー」じゃなくて「クートゥー」です！　このクソリプが日本限定でなく海外のみなさまにも届くことを願います。

＊ https://www.scmp.com/week-asia/society/article/3014655/japans-kutoo-founder-yumi-ishikawa-asks-it-bad-feminist-get-naked

Tweets

神楽坂優二 (ばかぐら)　@kagura0

朝日が煽って国会質疑という「#KuToo」運動への溜息
https://dailyshincho.jp/article/2019/06280558/
#デイリー新潮
◆>>女の敵は女。しかし、それでは「運動」が成り立たないのだ。
辛辣 w
https://twitter.com/kagura0/status/1144529761353400321

石川優実

ここでもまた女性差別は男性のみがしているという勘違いからのばかにする、という一連の流れが見られます。

 ・ ・ ・

女の敵は女という図式を
つくりたい系

　これは #KuToo を「もはやギャグか何かとしか思えない」と揶揄った『デイリー新潮』の記事を引用した投稿。#KuToo 運動は「女の敵は女」でもなければ「女の敵は男」でもないのだが、とにかく性別で分けたがる人の多いこと！「女はパンプスを履くべきだ、なぜなら女だから」という固定観念をもつ人や性役割に対抗する運動なのにね。こういう人たちは、私たちが意図するこの運動の目的を、全然違うものと解釈しているんだろうな。「運動を成り立たせるため」に行動しているのではなくて、「（女性だからという理由で私たちがもてない）男性にはすでにある権利を手に入れるため」に運動してるのにね。この記事を書いた人とばかぐらさんは、私がただ騒ぎたいとか、売名とか、目立ちたいとか、そんなふうに思っているのだろうか。というか、女性がこういう行動にでることがそんなに鬱陶しいなら、さっさと男女平等にしてくれよ。そしたらこんな運動せずにおとなしく過ごしてるからさ。それができないんならおとなしく騒がせろ！　運動させろ！　怒らせろ！

Tweets

ちっちゃくて丸い鳥はかわいい(´・∀・)
@U9Oc8RlZVZFYMYr

#KuToo #スニ活
改めてだけど、
『健康上、問題を抱える方にパンプス・ヒールを強要した場合、パワハラになりうる』これが根本大臣の国会答弁の要旨だよね。
つまり企業は、強制すると訴えられるから、強制なんてできない。
目下、服装規定も見直されてる最中。
あれ？ KuToo もう、いらなくない？
https://twitter.com/U9Oc8RlZVZFYMYr/status/1143725261248061440

石川優実

いらないなら何よりです。

その通りだよ自爆系
その①

　プロフィールに人畜無害って書いてある。ウケる！　どこがだよ！　笑。#KuTooや#MeTooのようなハッシュタグを使う必要がない社会にすることが目的だよね。こんなふうに運動にしなくたって、当たり前に性差別されない、性暴力を受けない世の中を目指しているわけなので、いらない状況が一番良い。多分、活動目的が「ただ目立ちたいだけ」とか「売名したいだけ」って思ってるからこういう発言になるんだろうな。#KuTooがいらなくなったら私は困ると思ってるんだろうな。このクソリプに対しては「その通りだよ」としか言えない。本当にもういらないならね。#KuTooがきっかけで規則の見直しをした企業もあるけど、そうでないところもまだまだあるみたい[*1]。パワハラになる可能性も、労災で訴えられる可能性もあって、怪我をしながら履いている女性がいるかもしれないのに。ヒールの高いパンプスが原因で外反母趾の人はさらに悪化する可能性があるのに[*2]。「統一美」「お客様に不快な思いをしないように」という理由でヒール、パンプスを仕事中義務付ける企業がまだまだあるのは残念だな。

＊1 https://www.tokyo-np.co.jp/article/economics/list/201906/CK2019061502000273.html
（パンプス強制、悩む企業　「＃ＫｕＴｏｏ」広がる中、ヒール規定維持　スニーカー容認も）
＊2 https://www.joa.or.jp/public/sick/condition/hallux_valgus.html（公益社団法人日本整形外科学会　外反母趾）

Tweets

みやび mama　@miyabi39mama

[…] それにしても、いまだに、性差別だという主張を下げないんですね
慰安婦のイベントに参加するし、本丸は靴ではなくて、性差別をなくすことですね
https://twitter.com/miyabi39mama/status/1141631587865395200

石川優実

「本丸は性差別をなくすこと」まさにその通りなんですけどね。笑

その通りだよ自爆系
その②

　なんかあかんことあんのか……？　まるで「こいつは
ただ性差別をなくしたいだけの女ですよ！　みなさん騙
されてはいけませんよ！」とでも言いたそうな感じ。本丸っ
て……何か明らかに悪いことを企んでいる裏切り者が出
てくる映画のシーンとかで使うセリフでしょ？　いやいや、
そうだよ？　としか言えません。だって靴は性差別を考
えるきっかけのひとつだから。こういうリプを平気で飛
ばしてくる人って、「自分は男尊女卑な日本を正すつもり
はないんです、女性を差別し続けたいんです」って言っ
てるようなもんなんだけど、気は確かなのかな？　しか
も日本人としてTwitterを通して全世界に向けて。挙げ
句の果てにはアカウント名含め書籍にまで載っちゃって
……あ、私が書籍デビューしたと同時にこいつのおかし
な思想が私の本に載っちゃったのか。一緒に載るのちょっ
とやだな。引用掲載おめでとう。この方は署名初期から
ずっとがんばって私を叩いている方ですね。いったい私
にどれだけの時間を使ってくれたのでしょうか。

Tweets

はるちゃん / ぬいぐるみ / 恋話　@iroa1991

逆に言いますが男性が海パンで出勤しても #KuToo の賛同者はそれを容認するということでよろしいですか？
https://twitter.com/iroa1991/status/1136846224479272960

石川優実

そんな話はしてないですね。もしも #KuToo が「女性に職場に水着で出勤する権利を！」ならば容認するかもしれないですが、#KuToo は「男性の履いている革靴も選択肢にいれて」なので。

逆が全然逆じゃない系

　なんで女性の靴問題の逆が水着になるんだよ　笑。全然よろしくないわ！　「逆に」の使い方おかしいよ！　#KuTooを男性が海パンで出勤する話に繋げるこの人の思考回路、どうなっているんだろう。この人が海パンで出勤したい願望あるのかな？　海の家とかプールで働くことをおすすめしたいです……。そこで女性のみ水着での勤務が許されていて、男性はサウナスーツです、という状況だったら「俺たちにも水着を着る権利を！」ってなるんじゃないかな。逆に（ってこういうふうに使うんだよね？）、女性が「私たちにもサウナスーツを着る権利を！」とか。#KuTooっていうのはそういう感じの運動です。

　こういう人たちって、リアルな会話はどうなってるんだろうか……。リアルでもこんなに会話が噛み合わないのかなぁ。でもさすがに対面でこんなへんてこりんな人に会ったことないしな……。Twitterになると急にバグるとか？

Tweets

taminokamado @taminokamado1

自由にやりたきゃ自分で会社作って勝手にやりなよ。自分の主張を社会に押し付けたいなら自分の国を作って独裁者にでもなればいい。#KuToo

https://twitter.com/taminokamado1/status/1135780103588237312

石川優実

私は今の会社で働きたいのです。私が求めているのは自由ではありません。怪我をせずに働く権利です。自分で会社を作らなければ怪我をして働くしかないのですか？そこに性差があることは男女平等とは言えません。男女雇用機会均等法で男女は平等であるべきと日本は決めています。

石川優実に起業させたい系

　この種のクソリプめっちゃ多かった。やめる理由とか会社つくる理由が「パンプス」って……。それが女性のみの案件だから問題だと言っているのに、本当に自己責任論者の多いこと……。この人、プロフィールに「古来より日本では民は宝」って書いてるわりには、日本を支える労働者に冷たくない？　労働者は、安全で怪我をせずに働くことができると保証されているはずです。今回の運動でよく分かったことは、みんな雇われる立場での権利というものを知らないんだなということ。経営者の方が立場が上で、労働者は雇われている以上不満を言ってはいけない、もし言ったら働きにくくなると思い込んでるんだなと感じた。業務上必要なものはそうかもしれないが、人権を侵害するようなものや健康を害するものへは抗議する権利があるし、そもそも雇う側は従業員を守る義務があるのだ。こういう類のリプを飛ばしてくる人は、もしかしたら我慢を強いられていて、辛い思いをしているのかもしれない。だったら私が言ってることはわがままだと感じるだろうね、自分は耐えて仕事してるんだから。だけど、本当はそれって必要のない我慢かもよ？　っていうことです。一緒に救われようよ、労働者としての権利を取り戻そうよ。

Tweets

ichi　@ibaichi10

冠婚葬祭業でお客さんから「正装でないのは失礼だ」とクレーム来たら退職して職業変えるしかない。訴える前に転職の発想は無いのかな。自分で起業するてもある。楽して儲ける事はできない。
https://twitter.com/ibaichi10/status/1136387102818439168

石川優実

「楽して」ではなく「怪我をせずに」です。

精神論で説得する系

　なぜ、パンプスを履かない＝楽をして仕事をする、なんですかね？　じゃあ男性はすでに楽をしている、ということ？　それは全然男女平等じゃないですねぇ。あなたが言う「転職の発想」はね、ずーっと前からみーんなもってたの。その仕事が好きでもやめたり、その仕事を試してみたくても選ばなかったり。今まではそうやってきたの。でもそれじゃあ労働条件の改善に繋がらないよね？ということで始めたのがこの #KuToo 運動。パンプスが嫌で起業した女性もいたかもね。それはそれで素晴らしい。だけど、誰でもそう簡単に起業できるわけでないし、勤め人として雇用されて働きたい人もいるはず。職業選択の自由は誰にでもある。そしてそこで「楽をする」ではなく「怪我をせずに働く」ということは全ての人に保証されていることのはず。

　これはちょっと別の話になるけど、「楽しくて儲ける事はできない」っていうのも思い込みじゃないかな。苦労をしないとお金が稼げないってのも。日本人には仕事を楽しむという感覚があまりない気がする。楽しく収入を得ることも可能だよ。今の私みたいにね。

Tweets

taminokamado @taminokamado1

なら、今、貴方の働いている会社に訴えればいい。なんで法規制って話になるんだ。なんで性差別って話に持っていくんだ。社会やその会社にとって合理性があるなら自然と変わっていくものだ。
https://twitter.com/taminokamado1/status/1135782611345858568

石川優実

なぜ性差別の話にするかは、この件が性差別であるからです。これだけ多くの人が同じ思いをしているなら、私が個人で会社に言うよりも上から通達を出してもらった方が時間もかからず効率も良いからです。自然と変わっていないのは今まで多くの人が言えずにいたからです。

会社に訴えろ系

　こちらP.74で私に会社を作れと言った方です。このタイプも多かった。よーく考えてよ。私が会社に言ったところで解決するのは私ひとりじゃん。ツイートが拡散されて困っている人がたくさんいるって分かったのに、自分の会社だけ解決しても意味がない。みんなが抱えているこの問題を効率よく解決するには運動にするのがベストな方法だと私は思った。会社に交渉するなんてめっちゃ労力いるし、それで評価を下げるパワハラ上司もいる。この運動がない状態で「パンプス履きたくないんです」と言っても「は？　靴ごとき何言ってんの？　やめれば？」って言われるだけだよね。これだけ大きな運動になってすらそんなこと言う人がいるんだもん。ヒールありのパンプスを義務付ける会社って大抵接客業なわけよ。だから社内だけじゃなくて世間の意識が変わらなければ解決しないの。社内で「じゃあパンプスじゃなくていいよ」ってなっても、お客さまから「パンプス履いてない！　失礼だ！」とか言われる可能性もまだまだあるからね。あと、どんなことが「自然と変わって」いくんだ？　運動で変わったものばっかりなんじゃない？　女性の参政権とかね。「国家と民は一体」ってプロフィールで主張してるけど、民は国家に抗わないと人権向上しないよ。

Tweets

和　@qv9sLOdVefome0D

葬儀場でのお仕事は故人をお見送りする大事な仕事です。パンプスを履くのは当然です。職種の問題で本人と会社で解決して下さい。
#kutoo
https://twitter.com/qv9sLOdVefome0D/status/1135807540367769600

石川優実

男性社員は故人様をお見送りする際、パンプスを履いていません。

Tweets

いた◉TFC No.5000　@tom_pass5000

葬儀会社側の話はそれぞれの雇用契約書にもよると思います。
遺族や参列者の気持ちは考えていますか？
https://twitter.com/tom_pass5000/status/1139010691128471552

石川優実

遺族や参列者の気持ちは聞いてみなければ分かりませんが、遺族や参列者側は男性社員がフラットな革靴を履いているのを見てどう考えているのかは気になりますね

パンプス履いて故人様を
お見送りしましょう系　その①

　この人たちは#KuTooが「失礼だとされるものが男性と女性で違うことがおかしい」と訴える運動だとまったく理解できていないのだな。ドヤ感出しながら「遺族の気持ちを考えていますか?」「パンプスは故人様を見送るのに必要です」とか言うけど、葬儀の進行をしているのはパンプスを履いていない男性が大半なので、ほとんどの関係者が全然誠意をもって仕事をしていないことになる。私の記憶ではパンプスを履いて故人様を見送った男性従業員は一度もいなかったよ。というか、「葬儀のお仕事は故人をお見送りする大切な仕事です。パンプスを履くのは当然です」と言っている人は絶対葬儀の仕事に関係したことないと思う。葬儀業界だって、パンプスを指定している会社もあれば女性でも革靴でオッケーな会社もあるんだもん。こういう人は、女性の従業員がフラットの革靴を履いて葬儀の仕事をしていたらクレームするかな?　「あそこの葬儀社は女なのにヒールがない靴を履いていた!　失礼だ!」とか?　まさか、そんなアホみたいなクレームをつけられないために多くの会社は女性にヒールを義務付けているわけじゃないよね……?　あ、そうだ、いたTFC No.5000さんのようにアカウントに日本国旗が入ってる人たち、なぜか私に厳しいような。気のせい?

Tweets

なな　@naa398798

葬儀場でパンプス履きたくないの人、自分の身内のお葬式や結婚式でもパンプス履かないのかな…それなら一貫してるので良いんだけど、自分の身内の式なら勿論パンプス履く！仕事は他人の事なので履きたくない！だったらお客さんに失礼すぎない？
#KuToo
https://twitter.com/naa398798/status/1136320305368928256

石川優実

私は全然、自分の身内でも履きませんが、そもそも「ヒールがあることが故人様やご葬家さまに対するお見送りをする気持ち」なのですか？一緒に働いている男性社員の方はヒールのあるパンプスで見送っている方一人もいませんが、失礼なのですか？

パンプス履いて故人様を
お見送りしましょう系　その②

　うーん、色々とずれている……。私の主張を全然理解していないから、この人は「一貫してる」っていう言葉を使うんだろうな。私がおかしいと言ってるのは「フォーマルな場で女性はヒールじゃないと失礼だ」という風潮に対してなんだけど。正式な場で"一貫して"同じタイプの靴を履かなければいけないこと、すなわち「ヒールの有無で失礼度をはかること」がおかしいと言っているのに……。まぁ私は別に結婚式で、華やかに着飾った新婦や列席者がぺたんこ靴だって失礼とかみっともないって全然思わない（ヒールなくても可愛いくてドレスに合う靴はたっくさんある！）。そもそも！　結婚式列席と葬儀での「仕事」を同列に考えることも変じゃない？　仕事場で男性と同じように働いて、走り回っているのに女性にだけ「ヒールあり」を義務付けるのがおかしいよって話でしょ。プライベートな場で、「今日はそんなに歩き回らないからヒール履けるかな」とか「今日は脚をきれいに見せたい特別な日だから無理してでもヒール履きたいな」とか、そういう意思を否定しないのが#KuToo！　もうちょっと趣旨を理解してから発言してほしい　笑。

Tweets

Itarou0805　@itarou0805

じゃ職場は葬儀場なんだから、御遺族の前でスニーカーかバッシューでも履くのか？御遺族からもアンケート取れよ！
https://twitter.com/itarou0805/status/1136117015481950209

石川優実

違いますよ、ご遺族や故人様の前で男性の履いているようなヒールのないフラットな革靴を履きたい、という話です。誰一人として葬儀場でスニーカーを履きたいという話をしていません。

Tweets

犬神　@spyseewolf

#KuToo だか #kutuu だか知らんがこの運動気に食わんのは仕事に対して甘い事言いまくってる辺りでな　冠婚葬祭で葬儀中とかシメの儀式で脱ぎ履きする事も無いのにスリッパだので動かれて「私は気になら無いから！」って世論を動かそうとしてるとこだ
https://twitter.com/spyseewolf/status/1138950602396819456

石川優実

そりゃスリッパで葬儀でたら怒られるわ

私が葬儀場にスニーカーとか
スリッパで行きたいと思ってる系

　葬儀の場でスニーカーやスリッパを履きたいなんてひと言も言ってませーん。というかそんな従業員いたら私も指摘するわ。なんか勘違いされてると感じるんだけど、#KuToo って特別な自由を求めている運動ではないですよ？　男性が履いているんだから女性だってフラットな革靴履く権利があるでしょ？　という運動。だから、男性が葬儀でスニーカーもスリッパも履いてないのに私たちは履きたいの！　なんて言うわけないでしょ。私は、葬儀の仕事では身だしなみに気をつけるべきだと思ってる。髪の毛も当然ぴっちり耳にかからないようにまとめてシニヨンして、夏でも黒い長袖の制服着て、足元もフォーマル靴！　なぜなら、葬儀関連の従業員は、故人さまをお見送りする儀式において参列者を不快にさせないような身なりでいなければいけないと思うから。だけどそこに男女差があったり、足を怪我したり、式の進行の妨げになるようなものを義務付けるのはおかしいでしょって話。ちなみに最後の「葬儀で脱ぎ履きもしないのに」っていうのは大きな間違い。土足厳禁の式場もあるし、親族お控え室やお寺さんのお控え室は畳の和室のこともある。靴の脱ぎ履きは比較的多い仕事です。実情を知らん人が口出しすると自爆することになるよ。

Tweets

飛輪　@_sunrisekingdom

細かい定義を知らんからあれだけどパンプスが嫌なら何を履くんですか？パンプスの定義とやらを調べたけどパンプスが苦痛だから嫌だと拒否したら履ける靴あるの？
https://twitter.com/_sunrisekingdom/status/1136294834354868224

石川優実

男性はフォーマルでどんな靴履いてるんですか？それで良いと思うのですが。

フォーマル靴はパンプス以外存在しないと思ってる系

　めっちゃ不思議なんですけど、男性は葬儀に何履いて行ってるの？　って聞きたくなる。謎のアカウント名だからあんたが女性か男性か分からないけど、男性が履いてるその靴履かせてくれよ！　脳内で「女のフォーマル靴＝パンプス」ってなっちゃってるんだろうな。こうなると男性の履いている革靴と女性の履いているパンプスは同等のもの、という認識になっちゃうよね。「男性用」「女性用」と明らかに区別されているのに、まるで同等のものを履いているように感じてしまう……。わーめっちゃ洗脳されている……。通販の喪服カタログのイメージ強すぎ！　女性にもパンツスーツやフラット靴の提案してほしい。女性と男性は同じ人間なので、女性が履いても男性が履いてもパンプスはパンプスだし革靴は革靴なんだけど。お化粧もそう！　お化粧がマナーなら男性も本来はしなければいけないはず。女性だってヒゲが生えてきたら剃りなさいと言われるだろう。男性はヒゲを剃るか整えてさえいればＯＫなのに、女性はなぜかそこからさらに描き足し塗り足し色を入れなければマナー違反。男性のスッピンと女性の身だしなみと言われるお化粧が同等になっている。同じじゃない状態を平等と思い込ませるのはやめよう。

Tweets

静岡茶　@shizu_cha

自分が履きたくてハイヒール履いてる女性社員にも、「あなたが履いていると連帯感が無くなる」とか言って無理やり辞めさせるパターンでしょ？ #Kutoo

https://twitter.com/shizu_cha/status/1136397187334598656

石川優実

そうやっていうのはあなたみたいな方で、この運動に賛同している人ではない気がします。

私の行動パターンを
勝手に妄想系

　そんなこと言ってないし、連帯感って！　苦痛なこと
を訴えることについては連帯してほしいけど、私は我
慢して同じものを履く連帯意識をもつことをやめよう
よ！　って言ってるんだけどなー。「パンプス履いてない
とマナーとしてダメだよね」「女としてダメだよね」って
いう同調圧力に従わざるを得ない人が多いわけでしょ？
#KuToo はヒールの存在を否定したいわけじゃなくて、
どちらでも好きな方を選べるようにしようって運動。そ
もそも「#KuToo のせいでヒール好きだと肩身がせまく
なるー」って勘違いして反論している人は、履きたくな
いのに履かされている人の気持ちはどうでもいいのかな？
だとしたらめっちゃ自己中じゃないですか　笑。あんた
が辛いのはどうでもいいけど私はヒール履きたいからそ
んな運動やめろ、ってことでしょ？　うん、自分勝手だ。
おあいにくさまですが、義務付けや圧力による苦痛を感
じている人がいなくなるように、というのが#KuToo の
願い。ヒールを履く人、履かない人、どっちかだけの思
い通りにになるよりも、みんなが納得して幸せになった
方が良いと思うので私はがんばり続ける。みんなで幸せ
になることが可能だと信じてる。

Tweets

闇鍋奉行　@hoyaminabe

TPOの問題を、性差別やら政府批判に繋げ、女性の代表面しているのが気にくわないだけです。
#KuToo
https://twitter.com/hoyaminabe/status/1136424803873648641

石川優実

「女性の代表」ではなく、「靴で辛い思いをしている人達のために運動し、署名提出した代表」です。性差別の問題を性差別の問題ということの何が気に食わないのでしょうか。

石川優実が全女性の代表と勘違いしてる系

　TPOの問題がメインじゃないよ。ジェンダー問題だよ。私の主張は「男性と女性が違う靴を履かされています。その必要性が理解できません」なので……。「性差別ではない」みたいな意見があまりにも多かったけど、その根拠について納得できる説明してくれる人は全然いないんだよね。「TPOの問題だから性差別ではない」とか、「労働問題・健康問題だから性差別ではない」とか反論してくるけど、むしろTPOに性差別があるし、性差別に基づいた労働・健康問題なんだから、絡み合っているんです。分けて考えるべきでないし、性差別じゃない根拠にはならないよ。この人は私が繋げたといってるけど、はじめから繋がってる問題じゃないかな。結局、女が差別の問題に声を上げるという行為が気に食わないんだろうな。あと私は政府批判するつもりでこの運動をしているわけじゃありません。厚労省に「困ってるからなんとかしてー」ってお願いしただけ。そりゃ動いてくれなければ批判するけどね。プロフィールに「皇統の話からサブカルなど、カオスな闇鍋状態です。誰とも敵対する気はない」ってあるけど、やっぱり伝統好きで、敵対心マンマンだよね？　この人と普通に会話できる人っているの？

Tweets

とーた会　@IKENUMA7777

■活動を始めたきっかけ（まとめ）
葬儀業社のアルバイトに雇われる
↓
スニーカーで葬儀に行く
↓
失礼だからやめろと言われる
↓
Twitter で吠える #KuToo
アホかな？
https://twitter.com/IKENUMA7777/status/1136531363719335937

石川優実

誰がスニーカーで葬儀の仕事に行ったんですか？作り話を本当のように書いて貶める行為はやめてください。

人の経歴捏造系

「葬儀業者のアルバイトに雇われる」しか合っていない。調べればすぐばれる嘘をつけるってやばい。本人もこれが嘘だって分かっていて書いてるわけだもんね。ＳＮＳではこういう投稿を見た人が本当に信じちゃうこともありえるよね。印象操作。こういうものが#KuToo運動バッシングにはすごく多かった。私が言ってもいないことを発言したかのように書いて、それを批判する、みたいな。本当にひどい手法だなと思う。こういうフェイクニュースみたいなものに困っている人は多いんじゃないかな。一度広められたら、それを嘘だと認識してもらうまでにすごく労力がいるもん。下手したら一生事実だと思われる可能性もあるでしょ。人の人生変えてしまうくらいの影響力があるってことを自覚してほしい。それによって自殺する人とか出たらどうするの。責任取れないでしょ。匿名で適当なこと呟くって簡単だよね。なんかあったら最悪アカウント消せばいいし。自分の本名出して言えないことは匿名であっても言うべきじゃない。批判的なことを呟くときは事実に基づいているか確認する責任がある。クソリプ飛ばす人たちはもっと自分の言葉に責任を持つべきだ。あと、もっと読解力もみがこうね。

Tweets

kitkatkatkit　@kitkatkatkitten

バイトということでしたが、どのくらいの頻度で働いていたのでしょうか。集まった署名のうち一体何人の方が実際に葬儀屋で働いているのでしょうか。#MeToo の方が今度は #KuToo。ビジネスの匂いがしてしまいますよね。
https://twitter.com/kitkatkatkitten/status/1137170906269175808

石川優実

この署名は葬儀業界に対する署名じゃないので、署名の中の葬儀屋で働いている人間が私一人でもなんの問題もないと思うのですが。

 ・ ・ ・

#KuToo は
葬儀関係者限定だと思ってる系

　バイトの頻度が少ないと、労働条件の改善を求めては
いけないとでも言いたいのでしょうか。この署名は葬儀
業界に提出するものではないです。署名者の中で、葬儀
業界で働いている人が私ひとりだけだとしても、まった
く問題ない。要点じゃないことをあたかも即解決しなけ
ればならない争点のように言う人が多いな。私は葬儀業
界の話をしているんじゃなくて、社会全体の話をしてい
るのに。「女性はヒール付きのパンプスがマナーである」
という風潮があるから葬儀社はパンプスを指定している
だろうに。だから葬儀業界に限った問題ではなくて、根
本的なところを解決しなければ意味がない。

　#MeToo も #KuToo もビジネスだと文句を言う人がい
るが、女性が性差別を訴えようとするとこうやって別に
目的があるようなことを言われてとにかく邪魔される。
私も「ビジネスが目当てだろう」と散々言われた。そも
そもビジネスにして何がいけないのだろう？　社会問題
を解決しながらビジネスにしてみんなが幸せになれたら、
最高だと思うのですが。

Tweets

マーク @mark_make_mode

ただただ「女性差別」が嫌なだけ。議論するための理由を用意していない。パンプスを履きたくない理由が明確になってない。#KuToo #KuToo 運動

https://twitter.com/mark_make_mode/status/1137187504208003075

石川優実

「女性差別が嫌」ってのが「だけ」っておかしくないですか。十分な理由だと思いますよ。女性差別のもとパンプスを指定されるのは怪我をするのでやめたい。これ以上何がいりますか？

 · · ·

女性差別は必要悪だと
思ってる系

「女性差別を嫌がるな」と言いたいのか？　女性差別が嫌って十分な理由なんだけど。私は最初からパンプスを履きたくない理由をしっかりと提示している。パンプスによりつま先から血が出る、仕事中にヒールで安定しない、足音を立てたくない、走りづらい、足の疲れや労災リスクがフラットの革靴より大きい。「理由が明確になってない」って、意図的に見ないようにしているのだろうか？「社会では今なにが起きているのか肌で感じたいし、女の子も肌で感じたい」とプロフィールにあるので、是非ヒールパンプスを履いて仕事をし、女の子の苦痛を肌で感じてほしいです。この人は#KuTooが女性差別の問題だと理解をしながらこんなツイートをしている。これって「自分は女性差別をしたい・女性差別があってもいい」って自己紹介しているようなものだよね。そしてそれを悪びれることもなく恥ずかしいことだとも思わず発信してしまう……。

　日本の性差別の問題で深刻なのが、性差別に気づいていない人が多いこと、そして性差別が人権問題だということをしっかり教育していないこと。

Tweets

痴呆系　@che_houkei

パンプス履かなきゃならねぇ程度の低レベルな仕事しか就けなかったザコが今更何を喚いてんだ？
#kutoo
https://twitter.com/che_houkei/status/1137218295059210240

石川優実

その低レベルな仕事は何を指してるんですかね？仕事にレベルがあるとは思いませんが、あなたにとってホテル業や冠婚葬祭業、CAさんや病院や、会社の受付の仕事は低レベルの仕事なんですか？
だいたいあなたの言う低レベルな仕事だったとしても足を怪我しながら働かなければいけない理由はありません。

職業差別系

　女性差別もひどいですが職業差別もひどい。仕事にレベルとかないと思うけど。いったいどんな職業を「低レベルな仕事」と呼ぶんでしょうね。私のグラビアやヌードの仕事もですが、職業によって人を差別したり、バカにしたり、見下したりしていいと思ってる人が普通に多い。当然のように「そういう仕事してたらそういう扱い受けても仕方ないよね」って言う意見、Twitterに限らずたくさん聞いてきた。

　で、この人はどんな職業でパンプスが義務付けられているのかまったく知らないのにごちゃごちゃ喚いてるのも問題。パンプスを履かなくていい仕事は全て「高レベル」ってこと？　この人の言う「低レベル」だとしても、どんな仕事にも男女雇用機会均等法や労働法が適応されるのに……。

　そしてこの人はいったいどんな仕事をしているのだろうか、それもちょっと気になる。

Tweets

M.Futamoto/ZinRyu / 靴師　@Zin_Ryu

#KuToo の違和感は、足に合わない非機能的な靴を履く私が可哀想
オマエラが全面的に悪いからなんとかしろ！！って丸投げしているところなんだよね
色んな人が様々な選択肢を提示している事に耳を塞がないで経営者と私たち双方が幸せになる方法を模索していこうよ
そうして世界は進歩してきたのだから
https://twitter.com/Zin_Ryu/status/1143865874719240193

石川優実

私は誰に全面的に悪いって言ったんだろうか？丸投げ？厚労省に署名出して法律調べて要望書作って、賛同者集めて取材応じて…丸投げ？誰に？私誰に丸投げしてるの？丸投げされた人だれ？

仮想敵を勝手につくる系

　「丸投げ」という言葉の意味を知っているのか？　逆に丸投げしているのは私が署名提出した後に「それぞれの職場がどのような状況にあるかということで、それぞれの職場の判断だと思います」と言った厚労省側の方なのでは？[*]　「様々な選択肢を提示」したり、「双方が幸せに」なれるように行動しているのはむしろ私たちのような気がするんだけど。私はツイートにも書いているけど、#KuTooの運動をするにあたってかなり色々なアクションを起こしてきたつもり。多くの時間と労力とお金を使ったけれど、そんなのこの人にとったら何にもせずにただ楽して文句言ってるだけに見えるんだろうなぁ。

　最後の「そうして世界は進歩してきたのだから」って名言っぽく締めるのはクソリプ界で流行ってるんかな？ちょこちょこ見かける気がする。そうですよ、そうして世界は進歩してきたのだから、こうやってクソリプで邪魔しないでって思う。そうしてクソリプによってジェンダー平等は後進していくのですね。

[*] https://www.huffingtonpost.jp/entry/kutoo_jp_5cf79a66e4b0747b8c5efe26（ハフポスト　根本匠・厚労相が「#KuToo」運動に否定的な見解。）

Tweets

ビルカン　@bilukan

この人達の本当の目的は、男女平等ではなく「女尊男卑」なんだろうと思う。
https://twitter.com/bilukan/status/1135771252595937280

石川優実

なぜ「男性と同じ靴を履きたい」が女尊男卑になるのですか？

 · · ·

すでに男女平等は
実現していると思い込んでる系

　なんでそうなる？　って感じ。「男性が履いている革靴と同じタイプのものを履かせてください」が実現したら「女尊男卑」になるってどんな論理？　「女尊男卑」ってのは、たとえば「女性は革靴でいいですよ。男性はヒールのある靴を履いてくださいね」なんてことになった時じゃない？私たちがそんなものを求めているとでも？

　女性が平等を訴えるとなぜか女性優遇を求めていると解釈する人はとても多い。それは男女平等でない現状を理解できていないからじゃないのかなぁ。今の状態を男女平等が実現していると思っている人にとったら、女性が声を上げていればわがままを言っているように感じるよね。

　2018年の世界ジェンダーギャップランキング、日本の順位は149カ国中110位。G７ダントツ最下位。まずはその間違った認識をどうにかしよう。プロフィールで自分の生年を「皇紀」で表記してる方なので、時代が変わったことを受け入れられないかもしれないけど。

Tweets

sou @sou09525998

それに健康被害だとかジェンダーハラスメントだ、とまで大きな話になるのでしたら、それこそ各人が自分の望む職場を選んだほうが良いです。警察官や自衛官が「なるべく危険なところには行きたくない」と言い出すようなものだと感じます。自分を守るのは最終的には自分しかいないのですから。
https://twitter.com/sou09525998/status/1136312517653721090

石川優実

警察や自衛官は危険なところへ行くことも仕事のひとつでありますが、パンプスやヒールの着用は業務上必要なことではありません。それは「パンプスやヒールを履くこと自体が仕事、という仕事を選んだ人がパンプスやヒールを履きたくないという」ということとイコールされることですね。

比較対象おかしいよ系

　たとえ話が全然たとえられていなくてびっくり。このたとえ方って葬儀の仕事を好きで選んだ私が「なるべく葬儀に立ち会いたくありません」と言っているようなことだよね。そりゃそんなこと言ったら「なんで葬儀の仕事選んだ？」ってなりますわ。だけど、警察官や自衛隊の人が「ヒールのあるパンプスは履きたくないです」って言ったらそうだよね、ってなるでしょ？　だって必要ないもんね。それと一緒。葬儀の仕事にだってヒールのあるパンプスは必要ない。だって男性社員は履いていないんだから。

　ヒールのあるパンプスが必要な仕事ってなんだろう？「ヒールのあるパンプスを履く女性の役を演じる俳優」とか、「ヒールのあるパンプス専門店の売り場の店員さん」以外に誰がいるんだろう？　あ、この本のカバー写真のように、「ヒールを履く男性を演じる人」もだ。

　「自分を守るのは最終的には自分しかいない」とありますが、雇用者は従業員を守る義務があるんですよ。

Tweets

あかりん　@moonindawn

ハイヒールが嫌だの化粧が嫌だの挙げ句の果てに女性差別だの言う人間は、役所の窓口で金髪髭ボーボーの職員が出てこようと、謝罪に来た下請け企業の社員がジャージ履いてようと、病院の受付が乳見えそうなタンクトップ着て爪伸ばしてでも文句言うなよ？そこで程度問題とか言い出したら失笑しかない。

https://twitter.com/moonindawn/status/1136569070751440897

石川優実

ヒールと化粧しなくても金髪にならないし髭ボーボーにならないしジャージ履いてないし乳見えそうにもならないんだけどどういうことなの？

極論で威嚇系

　男性がしなくていいことを女性にはさせたり、男性が着用しなくていいものを女性には義務付けたりすることへの批判運動なんだけど、この人はいったい何を言っているんだろうか？

　#KuToo は「程度問題」ではないし、金髪髭ボーボーで役所の窓口にいたり、謝罪にジャージで行ったり、病院の受付の人が乳見えそうな服を着て爪を伸ばしたり、ってのは男女関係なく今の日本では受け入れられないと思うんだけど。これは、衛生面の問題だよね。男性と女性に求める清潔感に違いがあるのはおかしいし、あいにく#KuToo で衛生面は要点じゃないよ。

　ちなみにこのあかりんさんは「ランチのとき #KuTooの話題になって、美人の同僚が、「ハイヒールだの化粧だのに文句言ってるのはブスばっかり。綺麗な子は素材に努力も重ねてどんどん差を付けてく。あんなの頭の悪い奴が、自分はどうせバカだから勉強したくないと言って勝手に堕落していくのと同じ構造」とぶった切ってた。」ってツイートをしていた[*]。#KuToo と容姿は関係ないし、堕落もしていかないので、ぶった切れていません。

＊ https://twitter.com/moonindawn/status/1137995730520498178

Tweets

changemind　@changemind10

アホすぎ
基本男と女は足の形が違う
女性は通常大人になるとヒールをはける形になる
https://twitter.com/changemind10/status/1147067894720712704

石川優実

なぜ今 #KuToo が起こっているの

　・　　・　　・

女の足はヒールに合わせて
進化すると思ってる系

　Best of クソリプ認定します！　おめでとう！　このツイートは反響も大きかった。「マジで言ってんのこいつw」みたいな感じでね。成長するにつれて足の形がヒールに合うように変わるなら誰も痛がったり怪我したりしないよー。これ、明らかにネタだと思うでしょ？　でも、ごく稀にガチで思っている男性がいるから厄介。女性を同じ人間だと思ってないんだよね。完全に他者。「女性はお風呂に入らなくても臭くならない」とか、空想上の生き物のように思っている人っている。女性を無駄に神格化している人も。お風呂に入らなければ女性だって臭くなるし、毛だって生えるし、足の形だって男性より大きい人もいる。ましてやパンプスに合わせて形が変わるわけがない。書いててアホらしくなってきたよ……。

　何回でも言いますが、女性も人間。「優しくしなければいけない」、「守らなければいけない」、「子どもを産むんだから尊い存在」ではなくて男性と同じ人間。必要以上に優しくしたり守ったりする必要はないし、そうするなら同性にも優しく接しろよと思う。子どもはたまたま産むのが女性側なだけで男性の精子がないとつくれません。同じように男性だって尊いはず。お人形じゃないんだぞ、人間だぞ。

Tweets

Largest penis in the universe
@champ_of_penis

女性の身体には男性のように立派なそそり立つ一物がないので潜在的に突起物への憧れがあります。
多くの女性のフェラチオの激しさはその証明です。ハイヒールを履き突起物を身に纏うことで一人前の人間になりたいというのは女性側の潜在的な願望の表れでもあるのです。 #KuToo
https://twitter.com/champ_of_penis/status/1096953638063300609

石川優実

ここまでくるとちょっとウケる w
突起物 w

 · · ·

男根至上主義系

　このリプは仲間内でもかなり話題にさせてもらいました　笑。ちんこが突起物ってかなりパワーワード　笑。アカウント名もかなりやばい、"世界最大のペニス"……！　とりあえず私はフェラチオはめんどくさいから嫌い。なんだろ、この人はちんこにめっちゃ自信を持ってるのかな？　そういえば私が性のこととか女性の問題を考え始めた最初のきっかけはちんこが大きいって自慢してくる男にとにかくイラついてたからだったな。おっきくても合わなかったら痛いだけでむしろ苦痛なのになぜか自信満々な人がいたので意味が分からなくて。どんだけちんこに振り回されてんだ？　と思う。ただ生まれた時からくっついてるだけでしょ、あれ。むしろ小さめサイズの方が私は良かったりするし、人それぞれなんだけどなぁ……。

　話がちょっとズレましたが、大事なこと。女性は潜在的に突起物を求めているとか勝手に決めないでください。ちんこに憧れてヒール履いてるわけじゃないです。仕事で痛いから履きたくないって運動ですよ。

Tweets

jamesetta　@jameset68033001

まぁ、それで何が変わるでしょうね？人はお菓子ボリボリ食べながらでもできる「行動」を、そんな簡単に信用するとは思えませんけど？人間を舐めすぎていると言っているんですよ。#kutoo

https://twitter.com/jameset68033001/status/1099131655204171776

石川優実

署名活動を始めて集めて、取材受けて、たくさん拡散をして厚生労働省に出すって、お菓子ボリボリ食べながらはできません

 ・ ・ ・

#KuTooアクションを
舐めてる系

　プロフィールに「フェミさんのことが気になってしょうがないんよ」とあるけれど、嫉妬かな？　どう考えてもこんなにたくさんの取材受けて署名集めてって、「お菓子ボリボリ食べながら」できることではないんだけど。この人だってそれくらい本当は分かってるよね？　それとも本当に私が行動している背景が浮かばないのだろうか……。だとしたら想像力がなさすぎ。

　何してようと私の勝手じゃない？　この人にどうこう言われる筋合いはない。というかバイトもしながらずっと活動してるし、石川優実としてこうやって本出したり靴のプロデュースする仕事に繋がっているんだけどな。私がただ単に遊んでいるように見えているのだろうか？　確かに楽しんでいるような面はあるけど。こういう人たちは仕事に対してどのようなイメージを持ってるんだろう。楽しみながら活動や仕事をすることがいけないのかな？　舐めてるのはこの人の方だよね。人がアクションを起こすことを舐めてる。匿名で、他人に対してそんなに上から目線だと、あなたこそ信用されないよ。みんなが私のことを信用してくれたからこんな行動に繋がったんじゃないかな。

Tweets

sa-tea @satoko_tea

差別差別言われると胡散臭く感じてしまうのは、私の問題かもしれませんし、それについてこれ以上議論しても平行線でしょうからやめます。
本題はパンプスの代わりに何を履けば良いのか提案はしないのか？
ということですね。
提案するつもりがないのなら、単なるポリコレこじらせ人間かなって...
https://twitter.com/satoko_tea/status/1139373760778084357

石川優実

私ずっと、「男性の履いているような革靴を選択肢に入れてください」っていってます
「本題」と偉そうに議論ぽくしてるけど、「何も調べずに発言してます」って言ってるみたいですごくユニーク。もはやコント。「単なるポリコレこじらせ人間」とまで言ったくせに……笑。

実は自分がこじれてる系

　私、同じことずっといちいち色んな人に丁寧に答えてきたおかげで一時期iphoneで「だ」って打つと「男性の履いているような革靴を選択肢に入れてくださいって言ってます」って予測変換で出てきてたもん。それくらい何百回とうんざりするほど「パンプス履かないんなら何履くんだよ？」って言われた。署名サイトにしっかり書いてあるし、受けた取材でもずっと答えてたのにね。もう定型文登録しようかと思ったくらいだわ。こういうツイート本当に多かったです。何か発言する時って、間違えてたら恥ずかしいから最低限のことは調べない？　あ、匿名なら恥ずかしくないか！　自分の疑問についてすでに話題にされているかもしれないとか、提案されているかもしれないとか、その辺を想像できないって……ダサい！少しは考えろ！　プロフィールに「愛国心を育む教育を進めたい」とありますが、その前に「想像力を働かせる教育」を進めた方がいいのでは？

　あとこの手の人たちって、ポリティカル・コレクトネスに対してアレルギー反応示すこと多いけど、ここではその議論してないよ。お前がこじらせ人間だ！

Tweets

サブちゃん　@2rVpiamK0AoHyUJ

おっしゃる通り、自分の得意な仕事をされたら良い。
しかし、自分の苦手な仕事は相手を変えさせる。。。
これが #KuToo の正体！！
https://twitter.com/2rVpiamK0AoHyUJ/status/1139422279534706688

石川優実

私が苦手なのはパンプスの足の痛みであって、それは葬儀の仕事内容ではありませんよ。

#KuTooの正体
あばきたい系

　パンプス苦痛問題が仕事の得意・不得意という話になっ
てくるのがおかしいでしょ。「私の得意な仕事はヒールを
履くことです！」とか就職面接で言い出したらやばいや
つやん。ヒールのあるパンプスが苦手とかいう話じゃな
く、「怪我をしている」健康問題ですからね。何回も言い
ますが男性は履いてないし。「私、業務の中で電話対応が
苦手なんですよー」「数字の管理苦手なんですよー」みた
いなノリで言ってると思うなよ。私がしていた葬儀の仕
事でいうと、たとえば「焼香案内で焦っちゃうんですよね」
とか、「お寺さまの椅子引きのタイミング難しいんですよ
ね」とかいう感じのことでしょ。それらは大切な仕事だ
から苦手だろうと向き合って、なんとか工夫してできる
ようにならないといけないよね。それらを「私苦手だか
ら、やり方変えさせよう！」なんて運動しませんよ。なー
んにも分かってないのに「勝手に正体あばいたぞ」みた
いなのが余計にウザさを助長してる。

　「日本人日本好き」ってプロフィールに書くんなら、日
本の女性を苦痛から解放してほしいよ。もしかして「日
本人」って日本男性限定？

Tweets

大暑　@tabataba_bro

「別のもの」と自明のように仰られる根拠はどこからでしょう？
https://twitter.com/tabataba_bro/status/1139803096308056066

石川優実

革靴とヒールありのパンプスが別のものという根拠ですか？パンプスは足の甲の部分がありません。踵も革靴より高くなっているものがほとんどです。同じものではないです。

男性用革靴とパンプスが別のものだと認識できない系

　これは「男性の革靴とヒールのあるパンプスは別のものであり、ヒールのあるパンプスの方が足への負担や健康被害が大きいと実証された論文も提出しました」という私の投稿へのリプなんだけどね。この人は革のフラットシューズとヒールありのパンプスの違いが分からないみたい。同じだと言い張りたいみたい。やばくない？「自明のように」というか自明だよ。それとも同じものに見えているの？　ヒールが見えていないの？　甲の部分が開いているのが見えないの？　それともわざと見ようとしていないの？　革靴を革靴と呼んでいてパンプスをパンプスと呼んでいるのだから別のものだと思いますけど……。「スニーカーと革靴って別のものという根拠はあるんですか？」って言ってるのとおんなじだよね。根拠とかじゃないでしょ、別のものやん　笑。なんとしてでも女性の方に負担が大きいということを認めたくない、という気持ちが表れてますね。がんばれ！　けどさすがにこの主張には無理があると思うよ……。

Tweets

クロ@侃々諤々　@_KURO_niconico_

いや、履かなくていいし。
あ、そうだ、男女平等大事だから百貨店やショッピングモールの靴屋の数も同じにしましょう。
#フェミカス #KuToo

https://twitter.com/_KURO_niconico_/status/1156765510375100417

石川優実

あなたが履かなくていいと言っても意味ないですよ。会社が言っている話なので。あなたが決めることじゃなですよね、なんの権限があって「履かなくていい」と？そしてこれは労働環境の平等の問題ですね。靴屋さんの問題は靴屋さんやショッピングモールの経営者に訴えてみて。男性かと。

フェミニストを茶化す系

　この人はどこかの企業の社長なのか？　はたまた、男女雇用機会均等法を改正できるお偉いさんなのか？　もし私が「ツイッターでクロ＠侃々諤々さんが言ってたから履かなくてもいいんですね、良かった！」って侃々諤々と会社に主張したら、ヤバい人だと思われるわ。あ、そういう権限のあるお方の発言だったらごめんなさい。もしそうだったらぜひ実名で直接従業員さんなどに言ってあげてね。靴屋の数についてはいったいなんの話をしているのか。そんなに男性専用の靴屋さんがほしいなら男性の靴が売れるようにがんばってほしい。需要があれば増えるでしょう。もしくは靴会社の経営者宛てに「女性用と男性用の靴屋の数を同じにしてください」といった運動でも起こすのはどうかな？　Change.org さんというオンライン署名サイトもあり、今は誰でも署名発案者になれる時代。担当の方ご紹介するよ！　訴えるなら私でなく然るべきところへ訴えましょう。女性はいつも、男性にはあって女性にはない権利について「自分たちにも同じように必要だから」と声を上げているのであって、男性の存在を否定するために声を上げているんじゃない。プロフィールに「フェミニスト（本物）」って書いているくらいだから、分かってくれるよね？

Tweets

不知火言葉　@1996_ken

女ばかりじゃなくてこれを機に"男もスーツにスニーカー！"みたいなのでもいいみたいな風潮作られるのなら共感できるけど、どうせそんなことなんないだろうからクソだって言ってんだろ。
女は声あげれば世間から辛かったね。辛かったね。って言われて男だと見向きもされないってのがダメなんだよ　#kutoo
https://twitter.com/1996_ken/status/1136340544957759488

石川優実

スポーツ庁が「FUN + WALK」というキャンペーンなどしていますよ。なぜご自分達で声を上げないのですか？私達も、あなたみたいに反発する意見もある中で声あげていますよ。女性を叩くことに力を使わずにご自分が行動を起こされたらいいんじゃないですか？

女は男の面倒をみるべき、家父長系

　「スーツにスニーカー！」なんてのはすでにスポーツ庁がやってくれてる*。私がやらなくてもすでにやっている機関があるんだけど。そもそも私は仕事でスニーカー履きたいなんてひと言も言ってない。運動の趣旨を間違えて批判するのやめてほしい。しかも悪びれずに堂々と、一緒に男の風潮を変えられないからクソ、みたいなこと言っとるし。女性が女性の権利のために運動するのは当たり前。なぜ男性の分までこっちが先陣切って運動しなければいけない？　すでに楽なフラット靴を履いてる男性のことまでこっちがやらなきゃいけないって、結局男性を優遇することになるじゃない。プロフィールに甲子園好きってあるけど、女子マネージャーが男子のサポートしてくれるから好きなのかな？

　もちろん男性が運動始めたら協力するよ？　あなたみたいに邪魔するような発言は絶対しない。この人が言うように、私は女で、声を上げていて、世間から「辛かったね。辛かったね」と声をたくさんかけてもらえた。それと同じくらい、いやそれ以上にあなたのような人たちから「クソだ」といった声が届いてます。そうやって他人の邪魔ばかりしているから見向きもされないんじゃないですか？

* https://funpluswalk.go.jp/style.html（スポーツ庁 FUN+WALK PROJECT）

Tweets

ヤヤー　@yaya_weedflower

"水着写真"を撮られることが嫌な女性が、やがては"過激な姿勢のヌード写真"を撮られることにもなり、「自ら好きでやっている」と言えるようになってしまうこと。
https://twitter.com/yaya_weedflower/status/1139816070024323074

石川優実

やめてほしいなー私がやりたいことを洗脳されてるかのように言うのは。私は当時から「やりたいグラビア」「許可なく出されたグラビア」どちらも経験してる。やりたいグラビアだけにしぼったんだよ。現場で「迷惑かかるから」と言われ泣いたグラビアと、打ち合わせから全て入り自分でテーマを決めどんな写真が撮りたいかどんな衣装が使いたいかどこまで露出したいか話し合って決めたグラビアを一緒にして欲しくないし、その差が天と地ほどあることを私は身をもって知っている。

あなたは
洗脳されているんだよ系

　これは今もヌード写真を楽しんで撮ってもらっている私へのツイートですが、私が嫌だったのは「水着写真を撮られること」じゃないんだよ。そこを間違えてもらったら困る。事前にどんな撮影になるかしっかりと打合せがあって、それに見合ったギャラが提示され、どこの媒体でどういう扱われ方をするのか納得した上でやる撮影は当時から楽しかった。嫌だったのはそのような説明がされず無理やり強行されたような撮影。その場になったら断れないだろう、といった詐欺的なもの。「撮られること」じゃないです。これって、レイプとセックスの違いが分からないやつに通じる問題だと思うんだよね……。外から見たら同じ行為かもしれない。だけどその心中は真逆のものであったり、暴力だったり。私は現在、ぜーんぶ自分で選んでやってる。自分で企画もするしね。どれくらい脱ぐかも毎回違うし、衣装やロケ地、どういう作品にするかの企画から写真のセレクトまで自分が関わった上で、取り上げられ方や媒体、ギャラなどを加味して最終的に決める。その決定権は絶対に私にある。私が幸せだと感じていることを勝手に洗脳されてるように言わないで。私の幸せは私が決める。

Tweets

隊長　@mtmseaside2

石川優実がブロック解除したみたい。盛り下がってきたから「性差別だ〜！」と言いたい為のアンチリプ集めたいんだろうね。その中で程度の低いを選んで叩くと言う、いつもの作戦
https://twitter.com/mtmseaside2/status/1147639502791299073

石川優実

程度低い自覚があることにはびっくりです

 · · ·

人を見下すことで
自分の「程度」をさらしてる系

　この本を作るにあたって、今までどんなクソリプが飛ばされてたかなーってブロックしていた人を解除し始めたところ、早速こんなクソリプをいただいた。まさかご自身のツイートレベルを自覚しながらクソリプを飛ばしていたとは！　多くのクソリパーはクソリプを飛ばしている自覚がないと私は思っていたからびっくり。石川クソリプセレクト集を見返したところ、この隊長にはかなりご協力いただいていたことが判明。もちろんこのツイートもセレクト集に入れさせていただいた。盛り下がっているように感じるって、自分が色んな人からブロックされて情報が入ってこないってのもあると思う。

　そして私が「性差別だ〜！」というのは性差別的な発言をしているツイートに対してなので何もおかしくない。性差別を訴えるためにツイート探してるのではなく、性差別であるリプを飛ばされるからツイートしてるのよ。というか私がブロック解除したことよく気づいたな。

　今後なるべくミュートもブロックもせずに、しっかりと向き合ってスクショコレクションしていこうと誓った。隊長みたいに投稿消しちゃう人がいるからね。

Tweets

jamesetta　@jameset68033001

いや、だから、カネもないくせに運動するな、っつうこと。カネなかったら選挙も出ないでしょ？
#KuToo
石川優実
https://twitter.com/jameset68033001/status/1147444355373793280

石川優実

選挙と運動は違うし、お金ない人が運動しちゃいけない決まりなんてありませんよ？寄付を募ってはいけない決まりもね

社会運動は
自腹でやるべきだ系

　P.112で、私がお菓子食べながら運動してると言った人ですね。またまたお説教です。

　この時は私、選挙とは違うと言ったけど、この直後に山本太郎さん率いるれいわ新選組が支援者に寄付を募り、2019年の参議院選挙に10人の公認候補を擁立することができた。それについてもこの方にぜひ意見をお聞きしたい。別にお金があろうとなかろうと、運動だって政治だって誰にでもやる権利がある。この人が勝手にお金がない人には資格がないと決めつけているだけで。

　よくもまぁ勝手につくった自分ルールで私に偉そうに「運動するな」なんて指示できるなーって感想。こういう何様？　みたいな上から目線の人がTwitterには溢れている。なんで私がこの人が決めたルールを守らなきゃいけないんだ？　Twitter上でしか知らない、しかも匿名の人から押し付けられたくない。あなたはあなた、私は私。なぜ自分の主張を他人に強いる人がこんなにも多いんだろう。この人も他人ルールを押し付けられて生きてるのかしら。だから他人にも自分ルールを押し付けてもいいと思ってしまうのかな？

Tweets

makicoo(さとうまきこ)　@makicooo

ヒールのある靴が好きで、生理用品についてあまり恥ずかしいという気持ちがない私としては #kutoo も #Nobagforme* も全くピンとこない。
もちろん気になっている人が声をあげるのはいいと思う。
が、それが「女性の声」みたいになるとすごく違和感だしそりゃ炎上するなあと。
https://twitter.com/makicooo/status/1139202392459603968

石川優実

どっちも女性の声じゃなくて「困っている女性の声」なのになんで困ってない女性のことも一緒にしてると思うんだろうか、この現象が不思議。これも自他の境界線？

* http://www.unicharm.co.jp/company/news/2019/1211463_13296.html
(ユニ・チャーム株式会社による生理・生理用品について気兼ねなく話せる世の中の実現をめざすソフィ『#NoBagForMe』プロジェクト)

 ・ ・ ・

石川優実が全女性の気持ちを勝手に代弁してると勘違い系

　この類のリプは本当に多いんだけど、「足が痛くて困ってるんです」と言うと必ず「私は痛くありません！」と言ってくる人っているのよね。それに対する返事は「そうなんだ、で？」としか言えないよ。私はあなたの気持ちを語ったわけではない。私は自分自身、そして私と同じように「困っている女性」の気持ちを語っただけなのに。この方は「女性の声」とまとめちゃってますが、私は「女性はみんなそう思ってるんですよ」って、ひと言も言ってない。思ってもないしね。だからこそ「ヒールのあるパンプスの禁止」ではなく「ヒールのあるパンプスの"強制"の禁止」を求めているのにね。日本語読めてんのか？

　なぜこういう反応が多いのかなーって思ったんだけど、それは「みんな一緒が正しい」という教育を受けてきたことも関係するのかな？　なんて思ったり。だから一部の人が自分の考えと違うことを主張すると、自分もそれに巻き込まれそうに感じてしまうのかな？　これは自他の境界線が曖昧になっているのかな。なかなか深刻な日本の教育の問題だと思うぞ。

Tweets

アルコール依存 肝太郎
@J2ZQvNwidM47PD3

本業で売れない三流以下の奴ほど賢ぶるよな
https://twitter.com/J2ZQvNwidM47PD3/status/1146381064597696512

石川優実

セクハラをダメというのは賢ぶってるわけじゃなくてごくごく普通のことを言ってるだけだと思いますよ。殺人しちゃダメとか万引きしちゃダメとかと一緒。

売れない奴は黙れ系

　そもそも私の本業を決めつけるのはなんなんだろう？私って女優でもありますが活動家の方を副業としてやっているわけではなくて、どちらも同じだけやりたいことなんだけどな……。まずここが間違ってる……。なんかどっちかに決めたがる人多いんだよな……。で、運動していることが「賢ぶる」ことに繋がるって、この方にとって「賢い」の概念はいったいなんなんだろうか……、気になるところ。おそらく、私が「性差別をやめましょう」と発言していることに対して「賢ぶる」と言っているのでしょう。よく、差別を批判している人に対して「正義感強いですね」とか「意識高い系ｗ」とか、バカにするようなクソリプを見かけますが、差別をやめましょうって私みたいに特別頭が良くなくても分かる当たり前のことなのに……。よって「差別をやめましょう」と言ったところで賢く見られるなんてことはないはず。「人を殺してはいけません」「万引きをしてはいけません」「いじめはいけません」「人が傷つくことはしてはいけません」。賢いと思われたくてこういう主張をする人なんていないよね？

Tweets

ハゲまる　@UHckPo2ap9oU0qD

卑猥なマイクロビキニは、文句言わないが、パンプスには不満タラタラ...
この違いってなに？
やっぱ、ギャラですか？
https://twitter.com/UHckPo2ap9oU0qD/status/1143688134011396097

石川優実

怪我するかしないかですね。小さな水着着ても可愛いだけで怪我しません。

スラットシェイミング系
その①

　なんだろう、改めてなんじゃこりゃツイートだな。パンプスと比べるものが卑猥なマイクロビキニって……笑。このふたつを比較することがおかしくないと本当に思っているのかな？　本気だったらそれはそれで面白い。まず「不満」とおっしゃってますが、仕事をする時に怪我をしたくないというのは不満とかじゃないよね、当然の権利を訴えているわけ。書いてある通り卑猥であろうとマイクロビキニは怪我しないし、グラビアの仕事には業務上必要と言えるだろうしね。そして賛同者のツイートでよく見かけましたが、どうしてもヒール付きのパンプスをと言うならば、雇用主はその特殊勤務手当を支給すべきだという意見。その通りだと思う。

　スラットシェイミングとは、性的な行動をとる女性を非難すること。『ａｎ・ａｎ』のSEX特集の表紙に裸で登場する俳優にはこんなこと言わないよね。いつだって女だけが非難の対象なんだよ。

Tweets

L.T @LTakenouchi

セミヌードにまでなって、女性の「性」を売りにしていた方が女性差別を訴えても違和感しかないです。
この #KuToo を発信し始めた #石川優美さんと言う方は、私の「ヒールが苦痛と雇用主に掛け合ったのか」という質問に対して、都合が悪いのか一切答えずですし、胡散臭さしかないです。
https://twitter.com/LTakenouchi/status/1136613488220987392

石川優実

私は自分の良いところを活かし、ヌードになっていますが差別されていい人間なんて1人もいませんよ。その違和感はおかしいですね。会社には言っていません。義務付けられているものですので、それに意見して仕事を振ってもらえなくなると生活ができなくなるからです。普通のことですよね？

スラットシェイミング系 その②

　これも定番ですが「性を売りにしていた方が女性差別を訴えることに違和感」、これって「自分は性を売りにしていた人を差別しています」と自己紹介していることとイコールなのですがどうお考えなのでしょうか？　その違和感を一度ちゃんと説明してもらいたいなと思っています。もしかしてグラビア女優には性差別を訴える権利がないとでも言いたいのだろうか？

　そして、私が質問に答えていないと「都合が悪いのか一切答えず」と言って私が逃げているということにすり替えようと一生懸命な方もよくいらっしゃいますが、この類のクソリプに「私は自分の会社には言っていません。私の会社と私の問題ではないからです」とずーーーーっと答えているんですけどね。この方が質問してきたツイートには直接答えていないのかもしれませんが、私は自分をフォローしている人からの返信しか通知されないように設定しています。フォロワー数によっては全部リプライするのは無理だと誰でも分かると思うんだけど、質問したら必ず答えが返ってくる前提で投稿していて不思議です。友達でもない人からよく分からん質問されても無視することもあるよ。

Tweets

● **kichishi** @yQovwc0hXKlxRrP

[…] 頭悪いにも程がある。
#KuToo なんてしなければ、こんなお写真も出回らず、知る人ぞ知る、で終わってたのに。親御さんが可哀想。
https://twitter.com/yQovwc0hXKlxRrP/status/1138968285679050753

石川優実

うちの親の気持ち勝手に決めないでもらえます？それはうちの親が決めることでありあなたが決めることじゃないですよ。少なくとも多分まだ私の方があなたよりも親の気持ち分かると思います。

スラットシェイミング系 その③

　これは私の裸やグラビアの写真などが拡散されたことに対してのクソリプ（この人も引用リツイートしてた）。まず私は自分の裸の写真集の存在が拡散されることを恥だと思ってない。たくさんの人に見てもらいたくてグラビアの仕事をしているので。こうやって勝手に他人が「この写真をばら撒かれることは本人にとってとても恥だし隠したいことだろう」という思い込み、そして相手が傷つくだろうと思ってそれをしてしまうって、相当病んでるなーと思います。「この人を傷つけよう！」と思って傷つける人のこころの状態は大丈夫なのだろうか？　とても心配になります、まぁこのようなユーザーがTwitterにはクソほどいるわけですが。で、これもまた他人が勝手に決めつけている案件ですが、「親が可哀想」。いやいや、お前は誰だよ。私の親と会ったことあるんかい。私の親は私の活動知っとるぞ。作品や出た雑誌とか全部しっかり買って保管してくれてるし、舞台だっていつも観に来てくれとるんやぞ。プロフィールに「子供世代に、安心して暮らせる日本を残したい」って書いてますけど、この人みたいに無断でヌード写真拡散する人がいる日本で安心して暮らせないよ。エロは楽しみたい人だけが見れるように配慮されるべきだと思う。

Tweets

Chan mao　@Ja3itbChanMao

パンツを脱ぐのは OK でも
パンプスを履くのは NO の女やな。
https://twitter.com/Ja3itbChanMao/status/1139036451083960320

石川優実

裸の写真を撮る撮影でパンツを脱ぐのは業務上必要性がありますからね。

Tweets

**ともさか (内調 SNS 対策室バイト 2 期生)
@hitokundeath**

おっぱい丸出しで仕事しながらパンプスを指して性差別ってのが意味分かんないからじゃない？
https://twitter.com/hitokundeath/status/1139587560441704448

石川優実

おっぱい出してる女には人権がないってことでおっけーですか？

スラットシェイミング系
その④

　まず上のツイートですがなんかこの手の人って「うまいこと言ったった！」感が強いですよね、ええ、全然うまくない。ヘアヌードの写真撮ろう！　って言って「パンツ脱ぎません！」ってことにはなりませんから……。あれ？　そもそも私は苦痛なパンプス履くことにＮＯなんですけど。履きたくないのは職場でだけだよ。こんな感じで、#KuToo にクソリプ飛ばす人、読解力ない人多いです。

　あとおっぱい出しても性差別訴える権利はある。海にいる男たちはいったいどんだけおっぱい出してんだよ……。海外には「男の乳首は合法なのに女の乳首は出したら違法への抗議デモ」とかもある*。まぁ私がおっぱいを出したのは公の場ではなく、ちゃんとした仕事として然るべき場所でお披露目しているわけであって、何にも悪いことをしていなければ法にも触れていない。いいですか？　繰り返しますが私がおっぱいを出しているのは仕事。この人がそれに対して見下そうと、みっともないと感じようと、仕事。ただの仕事。それだけ。

* https://headlines.yahoo.co.jp/hl?a=20170909-00010000-clc_teleg-int（女性の乳首だけがなぜ「わいせつ」扱い？）

Tweets

なななな　@tfmssp

個人的には公共の場で胸元をはだけている女性は不快。見たくもないものを見させられている性的嫌悪感がある。逆に例えるなら男性が公共の場で股間付近を露出している様なもん。そのように感じる男性も一定数いることを認識しておいて欲しい。
https://twitter.com/tfmssp/status/1140272908607950848

石川優実

私は公共の場で胸を出しているのではなく、仕事として法で定められた方法で表現しているだけなのでそのお話はちょっと私に今するお話ではないかと

 · · ·

スラットシェイミング系
その⑤

　もういったいなぜ私にこのリプを飛ばしてきているのかが意味不明すぎ。私がいつ公の場でおっぱいが見えるような服を着て現れた……？　もしかしてグラビアのヌードの写真とか見て、まさか私が日常生活でああいう格好をしていて、それがたまたま写真として撮られて出回っているとでも思ってるのかな？　現実とフィクションの区別がつかない人間がここにも！　AVを観てレイプをセックスだと思ってしまう人もいますもんね。しかし、この手の人って、ドラマでやってる殺人事件なんかはフィクションだって絶対分かってるだろうに、なぜかエロいことになると判別つかなくなるんだぜ、不思議。

　あとおっぱいと股間付近を一緒にされても……。公の場で谷間が見える服を着ている女性と、公の場でちんこ出そうになってる男性を一緒くたにしたらあかんでしょ。比較するんなら、おっぱいにはおっぱい、ちんこにはま……、なんで女性器を表すこのワードだけNGなんだ！？

Tweets

ふくいやま　@cleavagest

石川優実、ヒールうんぬんよりもおっぱいが残念
https://twitter.com/cleavagest/status/1135522188847484929

石川優実

本当に私のおっぱいみたことあんのかな？おっぱいに関しては美しいと評判なんですけど。

Tweets

頃助 @ 言いたいこと言うアカウント @yawarakainari69

靴を脱ぐ前にまず服を着ろ。
#KuToo #石川優実
https://twitter.com/yawarakainari69/status/1136506454662307840
(注：石川優実のヌードの画像付き)

石川優実

なんでですか？私は何も悪いことしていませんが。何か問題ですか？

スラットシェイミング系
その⑥

　申し訳ないですが絶対この人私のおっぱいちゃんと見てないって！　おっぱいの形はずっと褒められてきたのでこれには怒りたいぞ。ちゃんと見てから判断しろと。それでも私のおっぱいを残念おっぱいだと言うのならば、あなたの思う素敵なおっぱいはいったいどんなものなんですか？　と聞きたい。　あ、この人にとって残念おっぱいであろうとこうやってバカにされる筋合いはまったくありませんけどね。

　下の人にはなんでだよと言いたい。多分うまいこと言ったつもりなんだと思うのだけれど。なんでヌードの写真撮るためにせっかく脱いだ服着なきゃいけないんですかね、意味分からん。こうやって私の写真集の宣伝をしてくれる人が異常に多かったのは有難かったかな。購入しないと見られないようなものを簡単に転載・投稿してしまう意識の低さは置いといて。

　ふたりとも #KuToo とは関係ない過去の仕事をもち出して私の人格を貶めようとしてます。グラビアをやっている女性には、何言ってもいいと思っているのでしょう。

Tweets

聖にんにく (St.GARLIC) 伝道師 / 使徒 公式
@sukika_te

ほんとマジ同意。
女武器に男相手の商売してて、加齢に勝る魅力を打ち出せないでいて（私はそこで石川優実ファンを辞めた）、名前変えたり全裸になったり迷走した挙句に「何で突然クツクツ言い出したの？（男の入れ知恵？）」という所管しかない。
https://twitter.com/sukika_te/status/1135563151024353280

石川優実

名前変えてないです。私が全裸になってても、私の魅力を使って仕事をしていても、男性相手の仕事をしていてもそれは「人権いりません」ということではないんですが分かりますか？あなたが私を好きでなくなることは自由ですが、私には生まれもった、そして何をしてもなくならない権利（ママ）があります。

ミソジニーだだ漏れ系
その①

　確かに私は一度名前を変えたことがあるけど、21歳くらいの頃の話。一番最初の事務所をやめた時、現在の名前を使ってはいけないと言われ半年くらい本名で活動したけど、あとからそれは特に効力のない発言だと分かり戻したのです。「加齢に勝る魅力を打ち出せない」というのは、今の私の状態を言っているようですがどうでしょう。きっとこの方がファンだった頃よりも、今の方が活動の幅も広がりこうやって本まで出しているんだけどな。で、最後の「男の入れ知恵？」という一文にミソジニー（女性嫌悪）が溢れ出てしまっている。女が何か目立つことをすると男が関係してると思ってしまう。私の周りには「ジェンダー平等に取り組むといいよ！」という素敵な提案をしてくれる男性いなかったよ。というか多くの男が「性差別という言葉を使うな！」って言ってくるやんけ……！（もちろんそんなこと言ってこない男性もたくさんいる）。こういう方が私のファンをやめてくださったということは、私の方向性は間違ってなかったんだなと再確認できましたとさ。

　プロフィールが「過ぎたる親切、詮索、偏見、非難、クレーム、愚痴、エロ、グロ、ナンセンスを呟きたいので、絶対匿名」。匿名じゃないと悪口言えないのね、ダサい！

Tweets

xo.. @eeeeen___e

女性差別訴えてる人って・・・女だからって理由のあれこれを嫌がるのに、女としての特権は持ってたい。←
みたいな、矛盾してる人がまあまあ居て両方欲しいってのはズルくない？っていつも思う。(´・ω・｀) #kutoo

https://twitter.com/eeeeen___e/status/1138951792878768128

石川優実

特権って何か知りませんが、女性差別をしていい人って世の中に１人もいませんよ。だから矛盾なんてどこにもないんですけど。

ミソジニーだだ漏れ系
その②

　出ましたー！！　「女としての特権」！！　ねぇねぇ、「女としての特権」っていったい何を指すんでしょうか？いつも言うんですけど、「男が筋肉をムキムキに鍛えること」を売りにしているって、男としての特権を使ってるんじゃない？　私は私自身の特徴を生かして仕事をしているだけなんだけど。それによって誰かを騙したわけでもない、無理やり見せて嫌な思いをさせたわけでもない、むしろ楽しんでもらって感謝してもらいたいくらいなのになぜそれを非難されなきゃいけないのかなー？　グラビア以外の仕事をしていても「女は良いよね、贔屓されるし、優しくしてもらえるし、愛想良くしてりゃ良いから」みたいに言われることあるが、文句言うなら勝手に贔屓した男上司に訴えろと言いたい（そもそもそれが贔屓なのかの判別もつかないのにこう言われる。本当に評価されているのか、勝手に上司が贔屓したのかなんて私たちには教えてもらえない）。女にだけ優しくして男には優しくしない上司がいるならば男にも優しくしろよと言いたいし、男性だって愛想がいい人いるよ！　それを男に対しては「爽やか……」みたいな好ましい言葉をかけるのに、女には「媚びを売っている」ってなるのはなんなん？　いい加減にしろー。

Tweets

ドッペルパック　@masadei1

働く条件ってw
スカートもストッキングもやめますか？
男女一緒の制服だけの世の中にしますか？
女性もネクタイ着用しますか？
男女共にTPOがあります。過去の先人達が築き上げた伝統や形式もあります。それを簡単に否定してグラビアにでて女性を武器に仕事されたら説得力ありませんよ。
https://twitter.com/masadei1/status/1136545199675437056

石川優実

私が言っているのはその条件の時にどちらかに不利益が被る場合のことを言っています。TPOでどちらか片方がより健康被害を受けるならばそれは同じにするべきです。あと私がグラビアの仕事をしていることは何か問題がありますか？何か悪いことをしていますか？関係がありません。

伝統大好き保守系

　男女で違っているTPOの内容や、過去の先人たちが築き上げてきた知恵や伝統がおかしくない？　という話をしているのですが全然伝わっていないようす。男女一緒の制服にしても何がいけないんだろう？　男女一緒の制服にするも良い、男女がどちらの制服を選べるようになるも良い。別にスカートストッキングも義務付けなくて良いと思います。男性には義務付けられてないからね。逆に男性がネクタイをする必要もないと思います。女性がしてないんだからね。

　はい、そして出ましたもはや定番の「女性を武器に仕事されたら説得力ありませんよ」。このような風潮はもう終わりにしませんか。私は自分の特徴を生かして仕事をしている。男性が男性の特徴を生かして仕事をしても良いように、女性が女性の特徴を生かして仕事をしても良いはず。本人がそれを選ぶのならば。そして職業の種類によって何か発言権がなくなるなんてことはないはず。ボディービルダーの男性が違う仕事をしてる時に「あなたはボディービルダーなんだから筋肉を強調して仕事しなさい！」なんて言われないし、「関係ない仕事なんだから強調する必要はない」と訴えたところで「男を武器に仕事をしてたくせに！」なんて言われないよね？

Tweets

不労所得者　@syo_sindou

あえて、名前はあげないけど、DVDでポルノビデオもどきのエロコンテンツを出していた自称「グラビア女優」の石川優実や、「女子アナ」としてキー局でヨイショされていた小島慶子が、どうして、「賞味期限」が過ぎてババアになると、フェミニストになるのか、その謎に迫るために、南米へと飛んだ
https://twitter.com/syo_sindou/status/1147437533392850944

石川優実

賞味期限って人間に使うんですか？食べるの？あなたの賞味期限はいつなんですか？私が賞味期限切れならあなたは今賞味期限内なのかしら？

勝手にフェミニストの道筋決める系

　まず突っ込みたいところは「あえて名前はあげないけど」と言った直後にしっかりフルネームをあげてくれたこと。自分の言った言葉を1秒後に忘れてしまう病気なのか？　新しい種類のボケなのか？　だとしたら全然面白くないのです。で、「賞味期限」？　がっつり女をモノ扱いしてくれてますねー。小島慶子さんも私も食べ物ではないぞ。期限とかないぞ。勝手に味わうものにしてくれるなよ。返信にも書いたけど賞味期限があるとしたら自分の賞味期限は切れないとでも思っているのだろうか？　ぜひお会いしてこの人の賞味期限がいつくらいなのかジャッジして差し上げたい。相手が私にそれをしたのだから私にもこの人に対してそれをする権利があるはずだ。フェミニストに対して「女としての価値がなくなったからその道に行った」などと言う人がいるが、「女としての価値」なんて最初から存在しない。つくりたい人がその人の価値観でつくっただけだ。私は人を「賞味期限が切れてるな、この人」なんて思ったことが一度もない。そりゃそうだ。だって人生って歳を重ねてこそ味わえるからね。味わうのは「人間」ではなく、その人が経験した悲喜とかじゃないかな。期限が終わるのは死ぬ時だけだ。勝手に南米へ行ってらっしゃいませ。

Tweets

ハゲまる　@UHckPo2ap9oU0qD

なぜ、可愛い水着を捨てて、怪我するようなパンプスを履かなきゃならない葬儀屋さんのバイトを選んだのですか？
https://twitter.com/UHckPo2ap9oU0qD/status/1143689317535010816

石川優実

可愛い水着捨ててないですよ、どちらもやってました。

二足の草鞋は履くな系

　クソリプに対応していると、「どちらなんですか？」み
たいなこと言ってくる人が多い。「社会を良くしようとい
う名の売名ですよね？」とか、「健康なんかどうでもよく
て性差別をなくしたいだけでしょ？」とか、「女優なんで
すか？　活動家なんですか？」とか、「お金稼ぎたいだけ
なんでしょ？」とか、「目立ちたいだけなんでしょ？」と
か……うるせーな、なぜひとつにしぼらせようとするん
だ……やりたいことは全部やりたいですよ。どれかひと
つにしぼる必要なんてないでしょう。

　夢は全部叶えたい。そのために行動しているだけです。
女優もライターも活動家もやりたいし、生きにくい社会
を変えて誰もが健康になって性差別をなくして、私も収
入が安定するようになって目立って名前も知られて！
可愛い水着を着るグラビアの仕事を続けながら、葬儀の
仕事をすることもできる。そんな人生を送りたいだけで
すよ。夢はどれかひとつしか叶えちゃいけないと思い込
んでいるのかな？　私は全部同時に叶えたいよ！！

Tweets

ひまっぷ　@himahitoshinou2

見た目悪くないんだから、
へんなこと考えずに婚活して、
医者でも実業家でもゲットすりゃ良かったのに
https://twitter.com/himahitoshinou2/status/1143868469537955840

石川優実

私の幸せが結婚だと決めつけるのをやめて、っていう主張ですよ

女の幸せを勝手に決める系

　とにかくなぜフェミニストががんばって活動や発信をしているかがまったく理解できない人なんだなという印象。ねぇ、お願いだから私が医者と結婚したら幸せだと勝手に決めつけないでー。結婚だってしたいかしたくないかは私が決める。お医者さんもいいかもしれないけど、それよりも自分が好きだと思った人と一緒にいたい。別にお金なんてそんなになくても。相手にお金がないならば私が稼げばいいのだもの。専業主婦であることが幸せな女性がいる一方で、私が稼ぎたい！　って夢をもっている女性だっている。私だってそのひとり。だからパンプスなんかに足を引っ張られずに仕事したいんです。このクソリプを飛ばしてくるような人が「女性はみんな結婚したいもの」「守られたいもの」「モテたいもの」だと決めつけて、結婚してない女性を「嫁に行き遅れた」とか「寂しい独身女」だとか言ってバカにする。

　基本的なこと、人はひとりひとり違っていて、何を望んでいるのか、何が幸せなのかみんな違う。

Tweets

木苺　わんころ餅(こしあん)　@7packages

女性の価値を上げようと頑張ってるみたいだけど耳障りのいい言葉だけで信用するといいように騙されるから気をつけたほうがいい。こういう意見でまた女の価値が下がるぞ？お？
#石川優実 #KuToo
https://twitter.com/7packages/status/1144482431514230784

石川優実

私一人の意見を見て女の価値を一括りにする方に問題があるのでは。私の意見は私の意見であり、女性代表の意見じゃないですよ。私の価値は下がっても女の価値が下がるのはそれ自体がおかしいことに気がつくと良いですよね。

 ・ ・ ・

女を値踏みする系

　個人的に最後の「お？」ってやつが気持ち悪くて仕方ない。プロフィールに「愛国に目ざめてみた」とあるけど、私にクソリプ飛ばす人、愛国心強めで上から目線の人多め。

　「女の価値」ってなんだろ？　男性と同じ靴を履けるようになることによって「女の価値」とやらは上がるのだろうか……。そもそも人の「価値」がどうこうって話をすること自体が失礼じゃない？　人の価値なんてみんな一緒でしょ。上がるも下がるもない。ましてやそれが男女平等を求めたところで変わることじゃない。騙されるってなんだろう　笑。私のこと詐欺師みたいに言ってくるけど、私は嘘も耳当りのいい言葉も一切言っていない。事実を事実として話しているだけ。こうやって、女性の権利について女性が声を上げると、「そういうことすると女の価値が下がる」とか言う人もいれば、「そういうことすると男からめんどくさがられるからやめてよね、結果こっちが損するんだから」と言って女性みずから分断しようとする人もいるんだよね。けどもうそんなの知らない。それにだってきちんとNOと言おう。「靴のことでごちゃごちゃいうなら女は雇わないでおこう」とか言い出したら「だからそれだよそれー！」とうるさくキレておこう。

Tweets

大葉 俊哉　@Toshiya_Ohba
石川優実で抜いてた時代があったんやけどなぁ、今じゃパンプス騒動なんかに参加しやがって…
https://twitter.com/Toshiya_Ohba/status/1137366313850925058

石川優実
参加じゃなく私が始めました。

Tweets

paxil manX　@PaxilManX
あんたでは抜けね……。
https://twitter.com/PaxilManX/status/1140097513317269504

石川優実
抜けって言ってない。自分が抜くことが価値があることだと勘違いすんなよ

フェミニストだと抜けない系

　下の人「クソリプ不要」ってプロフィールで主張してるけど、自分でセクハラクソリプ飛ばしてる！「お前で抜ける」と言えば女は喜ぶと勘違いしている男性っているなー。だから「抜けない」「昔は抜いてたのに」などの言葉が私にはダメージだと思ってしまうのだろう。誰も頼んでないのにな。知らない人に抜いてもらったって嬉しくないし、性欲をぶつけるように伝えられるのも気持ち悪い。性欲などを満たすための不快な表現や、性行為の強要は暴力になる可能性があると日本ではあまりにも知られていない。だから平気で「エロいね」とか「やりたい」とか声をかけたり、ナンパしたり、見知らぬ女性に声をかけたり、仕事中に容姿について平気で口に出したり、それを「セクハラだ」というと「なんで褒めたのにセクハラなんだ！」「なんでもかんでもセクハラと言われたら困る」なんて反論するんだと思う。女性ですら「女だからそういう言葉をかけられるのは当たり前」と思っている人も多い。もちろん心の中で勝手に思うことは自由だが、それを相手に分かるように一方的に表現することはあまりにも想像性がなさすぎる。こういう行為は相手を尊重しない暴力的な行為だということがちゃんと認識される世の中になるといいと思う。

#KuTooや私を誹謗中傷するおびただしいクソリプに対抗することを、とにかく多くの人に咎められた。

　「いちいち相手にするなんて自分も同レベルだ」「穏やかに」「そんな暇があるなら本読むなり勉強した方がいい」「他にやることがあるだろう」「それを続けると運動から人が離れますよ」「疲れすぎて精神的におかしくなってますよ、休んでください」。

　その度に私は、「なぜ私がしたくてしていることをやめさせようとしてくるの？」と反論した。「あなたがそのような考えをおもちのことは分かりました。だけど、私の行動は私が決めます」と伝えた。すると、「人の話を聞かないやつだ」と言われた。私が「そうですね、あなたの言う通りにします」と言わなければ終わらないではないか。そう思った。人の話を聞かないのではなく、「あなたの意見を取り入れない」と私が決めただけなのに。あなただって私の意見を取り入れないではないか。どっちもどっちなのに。なぜ私だけが人の意見を聞かないやつとレッテルを貼られるのだろう。

　侮辱されたまま、差別的な言葉で傷つけられたまま、黙って我慢しろというのか。私の気持ちは？　この怒りをどうすれば？　この悔しい気持ちをどうすれば？　突然言葉で殴りかかってきた相手に対抗すらしてはいけないのか？

　そんな気持ちをモヤモヤと抱えながらも、どれだけ批判されようとも、私は自分を信じて自分がやりたいようにクソリプに対抗した。私が私の行動を決める決定権をもたなければ、自分の行動やその結果に責任をもてないと思ったからだ。

　人の行動を変えようとするって、本当に大きなことだ。そのひと言が、相手の人生を変えてしまう可能性があること、そしてそれに対して他人は責任を取れないことを、誰もがもっと自覚するべきだと思う。

162

アンチ#KuTooの人たちにより「対抗する人」＝「話を聞かないやつ」と決めつけるような状況をつくられてしまった。仕方なく「対抗しない」ことを選んでいたかもしれないが、もしそうしていたら、私の意思に反しているし、これも強要のひとつだと思う。私はクソリプに「対抗する」のか「対抗しない」のかを選べたわけで、結果前者を選んだ。クソリプに対抗しまくって起こったことは私に責任があるだろう。

日本には、こういったことが本当に多いと思う。様々な選択肢があるわけではなく、そうするしかなかったからそうしたのに「それを選んだ自分が悪い」と匿名で責める。自己責任であることとやむを得ない場合の区別がまったくついていない。

#KuTooのヒールやパンプスだってそうだ。自分で選んで履いている人ももちろんいるが、そうでなく会社から義務付けられている人まで「自分で選んで履いていたんでしょ」と言われてしまう。その人は会社で決められた規定に従っていただけだ。むしろ褒められるべきことなのではないか？　学生の頃から散々、規則は守らなければいけないと教えられたのだ。なぜそれが社会人になると自分の意思で履いていることにされるの？　そうするのは誰？　そこに様々な圧力があったことをなぜ認めようとしないの？　認めないのは誰？

でも、私はそれが誰なのか特定できない。私をバッシングする人はいつも匿名。得体の知れない人たちに対抗している自分をたまに不気味に感じる。

この本のためにツイッターのアプリから取り出したクソリプ集。よく読んでみると、私が対抗しているのは日本全体の強要という空気なのかもしれない。自分は我慢しているんだからみ

んなも一緒に耐えましょう、という空気。それじゃ誰も救われ
ないから、この空気を私が変えようとした時、我慢している人
たちには私が風紀を乱すようなわがままな人に見えたんじゃな
いか？　「伝統」を変えてしまう、過激な人だと思ったんじゃ
ないか？　空気からはみ出すことが怖いから、（私や女性が）自
ら楽しんで選んだことにしたいんじゃないか？

　本当は辛い思いをしている人がいることを知っていたくせに。
女性が「パンプスとかヒールって足が痛い」、と言っているの
を耳にしたことがあるくせに。

引用したツイートは 2019 年 7 月 1 日〜9 月 15 日に閲覧したものです。削除となったものについては、
スクリーンショットから引用しました。

3
石川優実、
#KuTooで
女性の未来を変えるため、
労働について本気で考えた

対談① 内藤 忍さん | 独立行政法人労働政策研究・研修機構（JILPT）副主任研究員

職場での性別役割意識

内藤 講演などでハラスメントのお話をすることがありますが、#KuToo の署名運動以降、パンプス強制について取り上げると「うん、うん」という感じで反応がありますよ。報道が東京だけでなく、全国にいきわたっていると感じました。女性だけでなく、男性も同じように「うん、うん」と聞いていて、動きは分かっているようです。

石川 男性で「うん、うん」してくれる人ってどういう立場の方だったんですか？

内藤 国の政策に関わる人の研修、企業の人事担当者対象のものなどで、感度が高いように感じました。

石川 人事担当の人がもっとがっつり取り上げてくれないかなーと思うんです。

内藤 私は大学院の社会人向けの授業を担当していますが、病院の

（写真・編集部）

内藤忍（ないとう　しの）
2006年、早稲田大学院法学研究科博士後期課程単位取得後、JILPT へ。2010年、英ケンブリッジ大学法学部客員研究員。専門は労働法。厚労省「ハラスメント対策企画委員会」座長など委員を歴任。2019年のハラスメント法改正では専門家として国会で参考人意見陳述。ハラスメント関連著作多数。

人事担当の男性院生は、#KuToo に感銘を受けていました。病院の場合は、性差別ももちろんですけど、入院患者さんなどにとってヒールのコツコツという音はやはり気にしなければいけないっていう観点もあるようです。でも、「やっぱり女性にはヒールを履いてほ

しい」っていう大企業の男性もクラスにはいたんです。

石川 えー。

内藤 ためらわずに言えちゃうんです。女性は「あり得ない」って反論していましたが。

石川 問題点が分かってない。その人が会社の上司だったら議論できない。

内藤 性別役割が無意識に入っているんでしょうね。それは女性にも言えると思いますが。やはり男性は女性が不快だと感じることを言われるまで気づきにくい。そこから相手は、そう思ってたんだと考え直してくれればいいのですが、今までの自分の生き方や考え方を否定されていると感じているのか、拒否反応が強いように感じます。

石川 男性は体験しないから共感性もたせるのが難しいですよね。

内藤 正面からダメと言うのも必要ですが、今までの見方がちょっと違うんじゃないか？ と気づかせることも必要なのかと最近感じています。性役割に順応して気づいていない人は多

い。それは女性にも言えて、労働政策・研修機構が2015年に行ったセクハラ調査で性役割の言動については女性の行為者が少なくないです。たとえば、無職で結婚をしている男性について、一家を支えるものという規範にしばられ強く非難したり、女性自身も多分に内在化しているのではないでしょうか。

石川　「女だからするべきでしょ」って女性から言われること多いです。#KuToo の話題から発展して、モデルでもないのに仕事で化粧しなきゃいけないのもおかしいって言ったら「何言ってんの。モデルかそうじゃないか関係ない。規則ってものがある」って返されて、私の言いたいことが全然通じなかった。

内藤　「女性として当たり前」という考え方になっていますね。

石川　「女性だからきれいでいなければいけない」っていうことですよね。

内藤　ある雑誌の調査だと、「職場でのノーメイクはやめるべきだ」という意見は男性より女性の方が多いです。本当は自由なはずですが、女性に期待されている身なりを職場ではするべきだと感じているんでしょうね。性別役割分担意識が非常に強固に入り込んでいると思います。不快であるということに蓋をしてしまって、性差別もしくは性別・ジェンダーのハラスメントと気づいてすらいない。でも、パンプスは不快どころか痛い（笑）。その痛みにも蓋をしてしまってる。「女が働くとはそういうものだ」という思い込みが強いですね。

労働者が声を上げること

石川　ヒール・パンプス強制で、こういう（#KuToo のような）動きって今までなかったんですか？

内藤 石川さんの方が詳しいと思います（笑）。今まで見たり、聞いたりしたことありました？

石川 記事やブログではいくつか見かけたけれど、そこから変えようっていうことには繋がってなかったです。

内藤 以前はツイッターやブログなどSNSのツールがなかったので、労働問題は労働組合で集団として会社に訴えることが中心でした。

　#KuToo署名提出後の6月11日の院内集会に参加していた航空会社の元客室乗務員の女性が、過去に労働組合で訴えて、機外のハイヒールがローヒールになったことがあったと言っていました。労働組合のナショナルセンターである連合も、こういう事例があったことは把握していなかったようです。職場レベルで声が上がって、労働組合と会社で交渉して多少改善した例はあっても、顕在化はしていないと思われます。よって、報道でも取り上げられないから広がらない。

石川 #KuTooをやっていて、「自分の職場内でやれ」って声がすごく多かったけど、もしそうしてたらそこで終わっちゃいましたね。

内藤 ＳＮＳを見て報道機関も取り上げ、継続的に報道や調査などをしてくれたことは大きいですね。（パンプス強制への違和感が）意識下にあった人も相当いたにもかかわらず、気づかされる契機がなかったんじゃないでしょうか。石川さんが声を上げて「言っていいんだ」と気づいて賛同した人が多かったんだと思います。

石川 私は会社員ではなくアルバイトという立場だったし、活動の一環でもあったから言えたけど、自分の生活がかかっている人にとったら難しいんじゃないかと思いました。でも、主張する権利ってあるんですよね？

内藤 まず、権利の前に、会社側は従業員が安全な状態で勤務できるよう配慮しなければいけません。これは労働契約法という法律の5条に規定されています。また、労働安全衛生法の3条には、会社が労働者の安全と健康を確保しなければならないと書かれています。つまり、ケガをしそうな靴を履かせるというのは前提からしておかしいわけです。職場でケガをしたら事後的に労働災害ですが、それ以前に、ケガをしそうなヒールを履かせない安全配慮義務が会社にはあるわけです。

石川 それが全然なされていないですよね。私の場合はパンプス着用を指定されている上に、コツコツ音を立てるなと指導されていました。

内藤 そうすると変なところに力を入れることになり、ケガだけでなく、腰痛などの病気にも繋がりますね。健康被害です。

石川 #KuToo のバッシングで感じたのは、ケガをしていようがいまいが「会社の言うことにはどんなことでも従わなければいけない」と思い込んでる人が多いということ。雇用主の義務を知らない人が本当にたくさんいた。

内藤 労働基準法90条において、会社の就業規則作成は労働者側の意見を聴かなければいけないとなっています。ただ、就業規則以外のルールも存在しますし、「意見を聞く相手」を選ぶ手続きも形骸化していて、きちんと意見を言える人を選んでいないということもあります。

石川 雇用側が違反していたら罰則はあるんですか？

内藤 90条違反の場合は、行政指導や罰金が予定されています。ただ、労働基準監督署への届出の際は、労働者側の反対意見を付けるだけ、といったこともできるわけで、結局労使の力関係にゆだねられることになります。労働組合が強ければストライキになることもありますが、それは会社にとったら損失に

なるので交渉に繋がる。労働組合とはそういう集団の力でもって労使の交渉力の差を解消しようというものです。しかし、日本では 17% の人しか組合に入っていないんです。

石川　えー、少ない。意外ですね。

内藤　非正規の人も増えています。非正規でも組合に入ることはできるんですが、日本の場合、正規と非正規で労働条件が大きく違うので一緒に交渉することが難しいという問題がありました。そして、正社員が減り、非正規が増えているのが現状なので労働組合、すなわち集団の力が弱くなっています。よって、労働者は会社に従うべきだと思う人が増えることになる。でも、会社の対応がおかしいと言って裁判で争うことはできて、勝つことはたくさんあります。最近では大阪市交通局（当時）の身だしなみ基準を争った事件がありますね。地下鉄の運転士がヒゲを生やしていたことで低評価を受けて訴えましたが、任意の基準ということで従わなくていいということになりました。おそらく、こういう事例で裁判してもいいんだ、そして従わなくていいんだと、多くの人が驚いたのではないでしょうか。過去には、この大阪市営地下鉄の事案以外にも、ヒゲや茶髪が裁判で争われてきており、いずれも、職場における外見や服装の自由を制約しすぎているとして、労働者の訴えが認められているのです。

　しかし現場では「職場ではなんでも従うことが当たり前」になってしまっているのですが、「先生の言うことは守らなければいけない」という学校教育の名残もあると思います。管理がしやすい一律的なルールは、必要でない人にも押し付けることになってしまいます。結果、主張しない人が増え、問題が大きくなってから表面化し、対処がかえって大変になるなどの弊害もあると思います。ただ、学校の先生たちも忙しすぎて規則を

検証する余裕がなさそうです。やはり未来の労働者を育てている学校教育の中で、ただ従うことを内在化させている気がします。

　私はハラスメントについての研究をしていますが、アンケートによるとパワハラを受けても何も言わない人は41％、セクハラは63％となっています。そして無言でやめていく。

石川　それが原因でと言わずに、普通の退職をするんですよね？

内藤　アンケートではハラスメントが原因と回答しているけど、会社には相談せず退職を選んでいる人が多いですね。学校で「従う」という教育を受けているからかもしれません。

石川　一方、学校ではそのように教育されてきたのに、社会人になると「なぜ会社に言わないんだ」と責める風潮もある。その辺のモヤモヤがすごくありました。

内藤　そういうタイプの人は風通しのいい会社にいる人やインターナショナルスクールで育った人かもしれません。そうでない人たちの境遇に対する想像力が足りなかったり、または、単に咎めたいだけの人なのではないでしょうか。

石川　言えないのにはそれなりに理由がありますよね。先ほどの教育背景だったり、訴えることで自分の立場が悪くなってしまうかもしれないという不安。そこら辺がまったく考慮されずに色んなことを言われました。

内藤　学校では我慢することが良いとされていますからね。そう考えると #KuToo へのバッシングはある意味当然かもしれない（笑）。みんなが性別役割は当たり前だと思っていますね。

石川　制服がまず分かれてますもんね。

内藤　そういう学校教育から始まっていますから大きいですね。一部の学校では制服が自由になったと言われていますが、トランスジェンダーの生徒への配慮にとどまり、まだ本当にフ

リーではないと思います。

石川 それも結局は「女らしさ」「男らしさ」に当てはめてることになりますよね。たとえば単に男性がスカート履きたいからといって選べるわけではないので、どっちでもいいよっていうフリーな状態ではない。

内藤 男女の二項対立でなんでも区分けしますよね。しかし、職場でこれは男性、女性って区別する必要はほぼないと思います。必要なのは、たとえば「女性」の役を演じる仕事であれば生物学的な女性である方がより自然に見えるかもしれないから、といったことぐらいじゃないでしょうか。でも実際はかなり区別されていますね、特に服装は。一方、男女雇用機会均等法では福利厚生や昇進、解雇など、性別を理由とする差別を禁止する規定があります。性別を理由とする業務の配分や権限の付与なども配置の差別にあたります。

石川 受付などを女性だけにやらせるのも本来はダメってことですよね？

内藤 性別で配置を決めているなら、ダメです。均等法の指針では、一定の職務への配置にあたって、その対象を男女のいずれかのみとすることは同法上禁止、と明記されています。でも、実際上そういう配置になっていることはありますね。均等法上は違法の疑いが濃厚です。一方、#KuToo は服装っていう部分になってくるんですが、現行の均等法には、服装における性差別の禁止と解釈できる規定がなく、不備があります。

石川 服装で差別されても、違反にならないってことでしょうか？

内藤 過去には、女性の「結婚退職」の定め、女性の30歳という若年定年の定め、「男性55歳、女性50歳」という男女別の定年年齢の定め、男女で10歳も違う退職勧奨年齢の基準などが裁判で争われてきました。そして、これらの女性による裁

判の勝訴があったから均等法に、定年・退職・解雇における性別の差別禁止の規定がつくられたんです。ということで、法律に書いてないから違法ではないということではないんです。問題提起されていない、チャレンジされていないから、法律にまだ禁止と書かれていない、というのが正しい言い方だと思います。6月11日の院内集会に出席した厚労省も、「服装の差別禁止はまだ法律の中にはないが、今後については、今回のご意見を踏まえ、労使を含めた議論で合意ができるか見ていく」と発言しています。そして、裁判で合理性を欠く差別だと判断されれば、未然に防止すべき差別と法律にも書いて企業に守ってもらおうということになるわけです。法的なルールがなければ労働者も使用者もどう守ったらいいのか、差別かどうか分からないという状況となるので、裁判所が差別と判断して法律に書いてくれれば分かりやすくなる。しかし、チャレンジされていないと法律はなかなか作られません。

　既婚で子どもがふたり以上いる女性は解雇するといった人員削減基準のケースなど、おかしいというルールについて先人たちがどんどん法的にチャレンジし、それを支える弁護士もいて、違法とされていったんですが、服装などはそれがされずにとり残されてしまったんですね。さっきのヒゲの事件のようなケースも、判決が積み重なれば、法律に書かれることもあるんじゃないでしょうか。

石川　そうなると働く上での規則等、みんなの価値観はだいぶ変わりますよね。もっと自由で良かったんだ、って思う大きな出来事なんじゃないかな。

内藤　会社にルールを提示されたからといって問答無用に守らなければいけないというわけではないのです。おかしい、理不尽だ、と思うなら、世の中に問題提起をしたり、裁判をしたり

すれば状況は変わるかもしれない。イギリスでは 2015 年にヒール着用を拒否して帰宅させられたニコラ・ソープさんという方が署名を集め、最終的に 2018 年、国は「ドレスコード（服装規定）と性差別」というガイダンスを会社・労働者・求職者に向けて発表しました。そこでは、「たとえば、ハイヒールの着用規定のような、男女別の規定は避けるべき。化粧をする、スカートを履く、爪にマニキュアを塗る、特定の髪型をする、特定の靴下類（ストッキングなど）を履くなどの規定は、男性に同程度のものを課していない限り、性差別にあたり、違法となるだろう」という、法律の解釈を示すこととなったのです。

石川　今回「性差別にあたらない」っていう意見がすごく多かったんですけど……。

内藤　海外の例からも明らかなように、不快で健康問題を引き起こす、不利益性の高いヒールやパンプスの着用を女性のみに命じることは、性別に基づく差別だと思います。

「我慢する」 という教育の影響

内藤　今回の #KuToo では、労働法の専門家と一般労働者の感覚がこんなにも離れているんだと実感しました。法学者だったら（#KuToo の主張は）一貫しているから当たり前のことと思うはずです。着用に業務上の必要性がなければ、労働者の自由を制限できないからです。なぜこんなに乖離してしまったのかと愕然としましたよ。（専門家の）私にとっては #KuToo の主張は当たり前のことなのに、周りの反応が全然違った。今回私が学んだことではそれが一番大きいかも（笑）。

石川　その感覚の差は本当に怖い。「化粧をする」「ヒールを履

く」方が当たり前になっちゃってて。どうしてそれが当たり前なのかまで考えが及ばないんですよね。

内藤　やっぱり教育が一番大きいと思うんですが、それだけ言ってても変わらないので、職場でどう巻き返していくかですね。ヒゲの判決は報道されましたが、ツイッターの反応はどうですか？

石川　#KuToo に対抗して「自分はヒゲが濃いけど就業規則にあるから守って剃ってます」みたいな人がいました。俺も守ってんだからお前も守れみたいなことだと思うんですけど。守らなくてもいいかもよ、っていう意味で勝訴の記事を投げときました（笑）。

内藤　公務員や生活保護受給者へのバッシングのような、自分も苦しいからお前も苦しめ、みたいなものは感じますね。

石川　一緒に楽になろうじゃなくて、一緒に苦しもうになってますね（笑）。

内藤　我慢することが当たり前っていうことが意識に入り込んでいますね。声を上げる人のこともうらやましいのかもしれない。石川さんがやっていることを男性がやるかっていうと、やっぱりこの社会ではやりにくいと思う。だから、自由に自分の思いを伝えている石川さんへの妬みに繋がってしまうんじゃないでしょうか。

石川　正社員の男性なんかはそれこそ人生かかっているから、言えないですよね。

内藤　パワハラ等何かあって相談し、退職するのは非正規の女性の方が圧倒的に多い。私は、ハラスメントによって健康を害するくらいだったら、その会社を辞めることはいい選択肢だと思うのですが、日本だと転職は労働条件が悪くなりがちです。

石川　そうなんです。なんども転職しているとキャリアアップ

176

できない。そうなると同じ職場で長く働かなければという気持ちになっちゃいますよね。

内藤　海外では職種別採用が一般的で、業界でその職種の賃金がおおよそ決まってくるので、転職しても労働条件はさほど下がりません。一方、日本の場合は、長期雇用や年功賃金といった、「日本的雇用システム」と言われる雇用慣行があり、転職して会社を移ると、昇進や労働条件で不利になりがちです。それも我慢に繋がりますね。ハラスメントの調査で、被害者の女性は辞める率が高いけど、男性は辞めない。ハラスメントを受けた後、「何もしなかった人」、つまり我慢した人に特徴的な属性があって、それは男性、高齢、管理職。パワハラで「何もしなかった管理職」は58%。メンタルも悪くなっている可能性があります。石川さんをバッシングする人たちは男性が多いように思います。自分たちが言えない、言うべきでないと思っていることを言っている石川さんが気になって仕方がないのでしょう。男性の生きづらさを象徴しているような気がします。石川さんの自由になろうよっていう問いかけは、「強く我慢できる自分」という理想を否定されていると感じているのかもしれません。決してそうではないのに。

石川　相談できない、っていうのは男性にとってつらいところだなーっていつも思います。女性にとって愚痴ったり相談することはすごく普通のことなのに、男性がそれをやると「女々しい」と言われてしまう。そういう風潮も、もう終わりにしたい。

内藤　学校教育でもそうですが、おそらく家族、親族の中にも「男の子はこうあるべき」「女の子はこうあるべき」という意識が密かに入り込んでいて、子どもを取り巻く環境で徐々に醸成されて、子どもの中に内面化されていくのかなと思います。

石川　テレビのアニメなど、作品からの影響も大きいですよね。

内藤 メディアに出る性別役割の表現などについて女性団体などがいかがなものかと言ってくれたりしますよね。あれはイチイチ面倒だと思うけど、そう指摘しないと、その表現が当たり前ではないことに気づいてもらえないから、重要なことだと思います。

石川 でも言われたからひっ込めただけで、何がいけないのか本当に分かっているのか疑問（笑）。

労働組合について

内藤 先ほどのヒゲ裁判ですが、原告の方たちが労働組合をつくったんですよ。一審と二審の間に「大阪メトロユニオン」が結成されました。はじめは「なかまユニオン」という地域ユニオンに個人で加盟したようですが、それが結成に繋がる大きなきっかけになったと思います。裁判では弁護団がいますが、職場でひとりで闘うのは精神的に厳しいです。職場で声を上げるには労働組合の集団的な力を使って自分が不利益を被らないようにすることも大事です。無視してはいけない手法だと思います。

　ただ、#KuToo などの性差別の問題を社員が訴えた時、きちんと取り上げる組合でなければいけません。また、日本の組合は人員構成など男性中心的で、性差別と闘いやすくなっているわけではありません。海外では労働組合の単位が産業別労働組合なので、同業他社との比較がしやすく、企業側におもねることを防げます。しかし、日本は企業別労働組合なので、企業と一心同体的で企業の言うことに反論し難い。労働組合が労使協調的で抗わない風土があります。たとえば石川さんのように一労働者が声を上げたとしてそれをきちんと拾えるように、やは

り組合側も色んな労働者から信頼される組織になるよう意識を変える必要があります。

石川 組合についてはよく知りませんでした。

内藤 企業に組合がなかったり、入れなかったりする人は、地域などにある個人加盟できるユニオンに入ってサポートしてもらうこともできます。職場に賛同する人がもうひとりいれば、ふたりで組合を立ち上げることもできるので、個人加盟ユニオンから仲間を募っていくこともひとつの方法です。

　ヒゲの裁判は大阪市が最高裁への上告を諦め、ヒゲが理由の低評価を違法とした高裁判決が確定しました。しかし、このようなケースでその後問題となった基準が現場でどうなっていくのかは実は分からない。裁判では違法と判断し、その損害を賠償しなさい、と言うだけです。大阪市の問題の身だしなみ基準には、女性はノーメイク不可、口紅やマニキュアの色の指定などもあったと言われています。問題の基準を変えたいとすれば、使用者との交渉になってくる。そうなると個人では到底背負えないので、組合の力が必要になってくるのです。そして現場からの声を上げるだけでは状況が変わらないこともあるので、署名などでどれだけ社会的な問題にしていけるかも同時に大事ということ。

石川 日本は何か起きたらという事後的な感じで、対応が遅いですよね。

内藤 そうですね、裁判にまでなって判決が出て法律になるという流れですが、じゃあ裁判を多く起こせるかというとそういう社会ではない。

石川 私も裁判となるとお金も時間も必要になってくるので、考えていません。

内藤 一般的に選択肢にないですよね。だから（職場問題の）裁

判は多くは起きてない。でも海外は一般的に訴訟に抵抗感がないんです。ひとつには、さっき言った、転職が容易という背景の違いがあります。もうひとつは、たとえばイギリスだったら労働組合が弁護士を用意するなど法的な助言や支援をしてくれることが多く、組合に加入する動機のひとつになっています。そしてみんなが裁判を使うようになれば抵抗感は薄れる。日本は裁判での判断が多く出ていないので、法律の細かい解釈の部分で不明な点がたくさんあるという問題もあります。

石川　日本は転職が不利になる状況なので、裁判なんて起こしたら職場にいづらくなりますよね。

内藤　パンプス・ヒール問題もそうですが、改善方法が極めて少ないんです。どうしても我慢させられる方になってしまう。現場で声も上げられないのに裁判をできるわけがなく、悲観的な状況ですよね。

　ヒゲ訴訟の原告の方が入ったような地域ユニオンはもちろん助けてくれますが、実は会社から嫌われることが多いんです。企業内にある協調路線の組合とは違って外部の組織なので会社に配慮する必要がなく、厳しいことを言い得るからです。結果、敵対的な関係になることもあります。そうなると訴えた労働者は会社でいじめられる可能性もある。そういった八方ふさがりな問題もあります。

石川　会社にいづらくなってフリーランスになると、今度はパワハラ案件として扱ってもらえないっていうこともありますよね？

内藤　フリーランスは会社から見れば「社外の人」、日本の現在の労働法的には保護対象の「労働者」ではない人という扱いになってしまうのです。

石川　そうなると、もう会社で我慢して働くしかないってこと

になりますよね。

内藤　だから石川さんが今回の手段をとったのは必然というか……。

石川　これしかない、って感じでした。

内藤　あと石川さんが声を上げられるキャラっていうのもあるかな（笑）。でもやっぱり勇気がいるし、だからなかなか今までこういうことがなかったし、法政策に繋がらなかったんでしょうね。

「社会通念」とハラスメント

石川　ハイヒールの着用で労災を認められた事例はあったのでしょうか？

内藤　労働災害の認定事案の詳細は公表されないので、実は分からないんです。ただ、厚労省の毎年の発表によれば、死傷災害でもっとも多いのは「転倒」です。

石川　当事者がＳＮＳなんかで拡散しないと知られないんですね。

内藤　労災にも色々あって、ケガもあれば、身体疾患もあるし、ハラスメントによる精神障害などもある。事案の詳細は体験談としての出版物や報道などでしか分からないのが現状です。記者発表などしないとメディアでは取り上げられませんし、過去にハイヒール着用の労災という報道は記憶にないです。ヒール問題で大きく報道され本も出すのはきっと石川さんが初でしょう（笑）。今後実態を明らかにするという意味で、ヒール・パンプスの労災事案があったのか国に調査を求めてもいいかもしれませんね。なお、ヒールの安全性の研究をされていた旧労働

省の産業安全研究所の永田久雄さんらが、1970年代に行った労災事案の調査があります。これによれば、階段歩行中の災害は18〜26歳の女性に多発しており、その靴は圧倒的にハイヒールが多いことから、「若い女性に災害が多発するのは、あきらかにはきものが原因となっていると推察できる」と結論づけています。40年以上も前にハイヒールは安全でない靴だって分かってたんですね。

石川 署名提出後に尾辻かな子さんの「パンプス強制がハラスメントにあたるかどうか」の国会質問に対して根本大臣は「当該指示が社会通念に照らして、業務上必要かつ相当な範囲を超えているかどうか、これがポイント」というコメントでした。これについて、どのように感じられましたか？　メディアの報じ方も色々だったように思うのですが……。

内藤 まず、5月にハラスメント関連法が改正されましたが、大臣はパンプス強制がパワーハラスメントに該当し得るものとして、その判断要素について話したのだと思います。

石川 署名提出の直前に成立したんですね。

内藤 ちょっとマニアックなんですけど、パワハラの判断要素について紹介しますね。①優越的な関係を背景とした言動であって、②業務上必要かつ相当な範囲を超えたものにより、③労働者の就業環境が害されるもの。これらの3要素を満たしていればパワハラとして認められるんです。パワハラに対しては、事業主は対策をとらなければいけない。この法改正をベースに尾辻さんはパンプス強制がハラスメントになるのではないかと、大臣に質問したと思うんです。大臣は①と③は間違いなくあてはまるだろうということで言及しなかったんだと思います。「社会通念に照らして業務上必要かつ相当な範囲を超えているかどうか」という判断基準は②についてのことです。

石川 「社会通念に照らして」と言わなければ意見が割れなかったとも思うんですが……。

内藤 実は「社会通念に照らして」という言葉は（判決では）よくある表現なんです。パワハラの裁判でも、行為が必要な範囲を超えているかどうか問われる時に「社会通念に照らして」判断することがあります。でも「社会通念って何？」ってなりますよね。そうなると基準は裁判官の感覚になってきます。だからあまり意味のないような言葉になってしまっている部分もあります。大臣の発言もはっきりしなかったこともあり、パンプス強制は必要な範囲を超えていないと答弁していると誤解されてしまったかもしれません。大臣は要素を満たせば、パンプス強制も「パワハラに該当し得る」と答えたのであって、この点については意味があると思います。問題はどんな場合に②の要素を満たすか、です。

　サービス業でこの問題は多いわけですが、ある会社が「お客様が（ヒールを履くことを）求めているから」という理由で労働者に履かせることを「業務上必要な範囲を超えていない」と判断するかどうかということですね。ただ、それを理由にするのもいかがなものかと。たとえ消費者が従業員に性別役割を期待していたとしても、会社はそれをそのまま受け入れるのではなく、「我が社は従業員の仕事ぶりで判断してほしい」とお客さんに言えるような関係性になるといいのですが、実際には、「お客様は神様」の扱いです。しかし、問題はそのお客様の中には意図するかにかかわらず、差別的な言動をする人も含まれている、ということです。そして、そうした「消費者の期待」が正しいものなのかを問うことなく、そのまま「社会通念」であるとするならば、それは間違っていると思います。

　それともう１点。そもそもお客さんは性別役割をそこまで求

めているのか、という問題もあると思います。会社が過剰に反応している部分もあり得るし、またそれが「社会通念」を再生産しているのかもしれません。その意味で会社がどうこの問題に対応するか、とても重要だと思ってます。

石川　これがパワハラでなくてジェンダー・ハラスメントになってくると、理解されやすくなるんでしょうか？

内藤　そうですね、ジェンダー（性別）は、障害、年齢、人種・国籍、性別指向・性自認などと同じく属性のひとつであって、基本的に、業務とは関係ないことから、パワハラで問題にされがちのこの②の要素、すなわち、業務上の必要性は本来、ハードルにならないはずです。しかし、ここで差別に順応している社会の考え方を基準にしてしまうと ── それが「社会通念に照らして」という意味ですが ──「消費者の期待」＝業務上の必要性あり、ということになってしまうのです。そういう意味で、パワハラとしてもジェンダー・ハラスメントとしても、越えるべき壁は同じかもしれません。国としてハラスメントをなくすんだ、性別に基づく差別はいけないんだというイニシアチブをもってもらわないといけないと思います。

石川　ハラスメントをなくそうっていう意思が伝わってこない気がします。

内藤　そうですね、ハラスメントや人権侵害はいけないんだ、全ての人に人権や自由があるっていうことを前のめりに保障していこうというふうにはなっていませんね。

石川　私にはできればやりたくないっていうふうに見えちゃうんですけど……。大事なことと思っていない。この前行った審議会でも、経営者の人たちはハラスメントをなくすための具体策がないだけでなく、「ハラスメントは当然してはいけない」という認識がないように見えました。

184

内藤 経営者側は積極的にもっとやるべきだと思います。ハラスメントを放置しておけば生産性は上がらないので会社経営にとっても良くないし、働く人あっての会社なので安全に健康に働けるように一掃しないと。法規制を嫌うならば、経営者団体が本気に取り組むところを見せてほしいです。法律を守るためでなく、どうやって働きやすい職場をつくっていくか、労使が真剣に考えていけるように国は音頭とりをし、経営者は腰を上げなければいけない。そしてこれは間違いなく経営者側にとってプラスになります。

石川 経営者側はハラスメントをなくして職場、会社を良くしていこうというよりも、どうしたら規制されずに済むのかという方向で話してるように見えたんです。なくす姿勢をもっと見せていったらいいのにと思いました。

内藤 ジェンダー問題もそうですよね。そして人権問題とは別の話になりますが、これから労働者が減っていくので、女性労働者にもっと働いてもらわなければという状況になってきます。いかに女性がより働きやすく、会社に残れる環境になるか、そういうことを考える段階であって、パンプスなんか強制してケガさせている場合じゃないんです。

石川 いまだに「統一美が」といった声も上がっていますしね。

内藤 女性労働者の人権や働きやすさを考えず、使い捨てという感覚だとすれば、ずれているとしか思えないです。今回のことで接客でない職業の足元は変わってくるかもしれません。しかし、性別に基づく外見の差別やハラスメントはパンプス問題だけではありません。服装やメイクについての指示は依然として残るでしょう。あるＬＧＢＴ関連のシンポジウムで上司からメイクを強要されて困っているといった声を聞いたことがあります。もしかしたらトランスジェンダーの人で、とても辛い思

いをしているかもしれません。別のところでは、（十分きれいな装いなのに）女性の上司にもっときれいな格好をしなさいと言われた人もいました。

石川　いったい何を求めているんでしょうか。女性はきれいにしているもの。労働者としてみなされていないような気がします。

#KuToo は性差別？

石川　今回の #KuToo では「性差別とは何なのか」ということが結構論点になりました。みんなの共通認識があれば、色々もめなくて済んだんじゃないかなと感じています。国語辞典の定義をみると色んなことが当てはまりました。

内藤　性差別とは、「性別を理由とする差別」のこと。そして差別とは、「特定の（属性の）人や集団に対して、（他の属性の）人や集団より不利益を与えること」です。今回の問題は、女性という特定の属性の人に対するもので、パンプス・ヒールの着用は、健康被害・災害リスクという意味でフラットな男性靴より不利益性が高いことは明らかです。これは先ほど紹介した永田先生らの調査でも実証されているところです。また、憲法十四条１項には「すべて国民は、法の下に平等であつて、人種、信条、性別、社会的身分又は門地により、政治的、経済的又は社会的関係において、差別されない。」とあります。つまり性差別の禁止、というのは国の最高法規である憲法にも書かれているルールなのです。

石川　ＩＬＯ（国際労働機関）のハラスメントについての条約についてもお聞きしたいのですが。

内藤　今年の６月に採択されたこの条約では「ジェンダー・ハ

ラスメント」は撲滅すべきハラスメントと位置付けられていて、第1条には「ジェンダーに基づく暴力とハラスメントを含む」と明記されています。克服し難いハラスメントについて特記されているんです。

石川 これは国と連合が賛成しているのに、経団連は棄権しているそうなんですが、それはどう受け止めたらいいんですか？ 守りたくないってことなんですか？

内藤 ILO条約は加盟国にこういう法律をつくりなさいという要請をするものです。つくったら批准できます。そして批准後は、きちんとした法律の運用が求められていきます。日本政府としてはこの条約の採択に賛成しました。つまり、各加盟国がハラスメントを撲滅するための法律制定を目指す、という趣旨に賛成したというわけです。加盟国には日本も含まれていますから、日本としてはこの先批准できるように法改正していく予定だと思います。一方、経団連は指導とハラスメントの境界線を引くことが難しいと考えているようです。要は指導だと思っていたことがハラスメントと判断されると、指導ができなくなる懸念をしているのです。

石川 それって指導という名のハラスメントを犯してもいいということになりませんか？ それがいけないから直していきましょうという条約なのに。

内藤 そうなんです。だから棄権は結構批判されていましたね。でも政府が条約に賛成しているので批准に向かっていかなければいけません。#KuToo の運動は世界の動きに沿ったものと言えますね。

石川 今回、「労働環境の問題でしょ？」っていう声が結構あって、女性だけが履かされているということが忘れられちゃうんです。もし男性も強制されてたら労働環境の問題になると思う

んですが。

内藤　そうですね。もしも男女双方に会社がパンプス着用を指示する場合には、確かに健康や安全の問題になりますね。会社には労働者の健康や安全を確保する義務がありますから。

一方で、女性のみが履かされている場合には、その問題に加えて、性差別、ということになるわけです。でも、女性とはこうあるべき、男性とはこうあるべき、という考え方は、私たちの内面に染みついて「当たり前」になってしまっている。「おかしい」と気づけている人のほうが少数かもしれないし、気づけても「おかしい」と主張することは日本社会の中で国難を伴うから、蓋をしたいと思う人もいるかもしれない。バッシングする人の中には、蓋をしたこの問題を蒸し返されたと思う人がいるような気がしています。

そして、女性が知り得ない男性のみに課せられた性別役割もきっとたくさんあるはずです。たとえば「男らしさ」など。こういったことの捉え直しは必要だと思います。男性だけスーツ着用を求められることなどもそうですね。女性は戦力外という理由でスーツを求められないのかもしれませんが。やっぱり女性にがんばってほしいのはヒール・パンプスなどのセクシー路線なんでしょうね（笑）。

石川　華を求められる。

内藤　脚がきれいに見える靴、イコール肌がより露出した靴。セクシュアルな視点が入っているので、セクハラとも言えるかもしれません。

石川　今日は色々な視点でお話を聞くことができて、本当に勉強になりました！

内藤さんからお話を聞いて、労働者は自分たちの権利を全然知らずに働いているんだなと感じた。なんなら、雇用主はこの権利があることを労働者が気づかないようにしている、そんな意図があるようにも感じてしまった。そのほうが雇用主たちは扱いやすいだろう。「雇用主の言うことは絶対で、私の体の健康や権利の侵害よりも業務を優先させなければいけない」。こう思いこんでいる労働者を使うのは容易いだろう。その結果、全ての人が幸せになったのだろうか？　私たちは豊かになったのだろうか？　これは私たちにとって誇れることなのだろうか？　「我慢が美徳」という精神で私たちは何を得られたのだろうか？　我慢せず正当な権利を訴えた時、得た時、失うものはあるのだろうか？　幸福度が今より下がるのだろうか？　私はむしろ、高くなるような気がする。

　今回の対談で学んだのは、労働者としての権利を放棄してしまうと自分も雇用主も不幸になってしまうこと。

　全ての人が冷静に考えてほしいと心から思う。私は全ての人と一緒に幸せになりたい。みんなで不幸になる道をわざわざ選びたくないし、労働者としての権利を放棄したくない。声を上げるためには、権利を知ることも大事なのだ。

　内藤さんから学んだことを、私なりのやり方で発信していきたい。

対談② 小林敦子さん | ジェンダー・ハラスメント研究、コンサルタント

#KuToo 反響の印象について

小林 よくやってくれた！ って思いました。 私も実は公務員時代に（パンプス着用で）階段から2回落ちたことがあるんです。上から下までダイブ状態（笑）。ものすごく急いでいた時にヒールの踵が階段のスリップ止めにひっかかったのですが、落ちる瞬間に、咄嗟に両手の荷物を手放し、手すりを摑んで落下速度を和らげることができました。自分で言うのもなんですが、運動神経がよい方で足首も柔らかく、捻挫・打撲で済みましたが、普通だったら骨折するようなひどい落ち方でしたよ。
石川 その頃は着用を指定されていたんですか？ それともマナーとしてみんなが履いていたんでしょうか？

小林敦子（こばやし あつこ）
地方公務員として勤務中、女性の労働環境や、心理学の分析手法に関心をもち大学院修士課程に入学。博士後期課程（日本大学大学院総合社会情報研究科）に入学後は本格的に、当時日本でほぼ未開の分野だったジェンダー・ハラスメントの研究を始める。2011年博士号（総合社会文化）取得。現在は、政策統計に関するコンサルタント及び講演活動を行っている。著書に『ジェンダー・ハラスメントに関する心理学的研究——就業女性に期待する「女性らしさ」の弊害』（風間書房）がある。

（写真・編集部）

小林 明文化された規則はなかったんですが、当時議員さん等と接する部署だったため、その方たちの手前、やっぱりみんな「きちんとしたパンプス」を履きますよね。

石川 そうなりますよね。

小林 運動靴はもちろんダメだし、女性の革靴できちんと見えるものって実際そんなにないですよね。さらに足に合うものとなると。ただ、その時は社会を変えようとかハラスメントだとか、そういうことは考えてなかったです。育児休業取得に対する無理解や、子育てしながら働く女性への風当たりの強さ、性別による業務内容の違いなど、他に考えなければいけない問題が山ほどあってそこまで考えが及ばなかったんですよ。だから石川さんがやってくれて、しかも一身に批判を受けてがんばってる。これは応援しなきゃ！ っていう気持ちです（笑）。批判する人には実際に履いたことがない人も多いんじゃないでしょうか？ 私は埼玉在住ですが（ヒールを履いて）満員電車1時間立ちっぱなしは無理ですよ。女性が仕事を断念する理由のひとつとしてあるんじゃないかと思います。男性にはその経験がないですよね。満員電車で辛いという声も多いですが、女性はさらにヒール。無理です！

石川 女性はそこからさらに痴漢の被害に遭う人もいて……。

小林 女性の不便や苦

痛って、潜在化していて、かたちとして社会に表れていないように感じます。

心理学的研究とは？

小林　心理学は人の心を研究対象としますが、人の心は目に見えないため、調査などから得られた客観的データに基づいて、科学的にそれを解明しようとします。私は心理学の応用領域でジェンダー・ハラスメントの研究を行っていますので、それが及ぼす心理的影響や要因など、心理的側面から検討しています。「何％の人が受けている」「何％の人が不快に思っている」ということだけでなく、もう少し精緻に関係を見ていきます。実はこの研究を始めた 15, 6 年前は、ジェンダー・ハラスメントという言葉自体まだ一般的ではなく、ネットで検索してもヒットしませんでした。当然これにフォーカスした心理学的な研究もほとんどありませんでした。余談ですが、対象が社会人で内容が差別に関する研究は、研究者にとってデータ取得が難しいのかもしれません。ところが最近ネットの書き込みでもジェンダー・ハラスメントをよく見かけるようになりました。一般的になりつつあって嬉しいですが、よく見ると私の調査内容の一部が出所明示せず載っていたりすることもあります（笑）。

　ハラスメントというと、どうしても「女性達の気のもちようでしょ？」と受け手の問題にすり替わってしまいがちです。ということで、研究では徹底的に就業者のデータを取って分析し、ジェンダー・ハラスメントを受ける頻度やそれに対する不快感がどのように影響するかを調べました。

石川　女性は「お気持ち」ってすごくよく言われますよね。

小林 くやしいのでデータをとりまくりました（笑）。データあっての研究なんです。

ジェンダー・ハラスメントとセクシュアル・ハラスメントの違い

小林 セクシュアル・ハラスメントに該当する行為は長い間存在していましたが、この行為が命名され概念化されたのは、1970年代のアメリカです。当初は職務上の地位を利用して関係を迫るといった行為が対象でした。1980年代には女性を差別的に扱うことで職場環境を悪化させるジェンダー・ハラスメントもセクシュアル・ハラスメントのひとつに加え、一緒に禁止されるようになりました。日本にこの言葉が入ってきたのもその頃です。これは（取り組みとしては）正しいと思うのですが、日本の法学者も言っているようにセクハラは性的欲求に関連していて、ジェンダー・ハラスメントは性役割に起因するハラスメントなので、分けて考えた方がいい。しかも性的欲求にフォーカスしていたら、同性間のハラスメントって説明できない。

　そこで私はジェンダー・ハラスメントをセクシュアル・ハラスメントから切り離し「ジェンダーに基づく役割を他者に期待する言動」と定義しました。誰もが「性別が全て」で生きているわけじゃありませんよね。年齢だったり、好み、人種、思想、信条などその人の色々なバックグラウンドがあり、色々なカテゴリーに属しているのに、なぜ性別で決めつけられなきゃいけないの？　というのがジェンダー・ハラスメントです。このように定義すると、あらゆるモヤモヤしたものが説明できます。

　#KuToo問題もこれに該当すると思うんです。もちろんパ

ワー・ハラスメントでもあるんですが、本質的にはジェンダー・ハラスメントにあたると思います。

　性的なセクシュアル・ハラスメントとジェンダー・ハラスメントは分けて考えた方がいいということを説明をするために、言葉で論じるのではなくデータを分析し、説明しようとしました。その結果、ジェンダー・ハラスメントはセクシュアル・ハラスメントよりも一般的な職場いじめとの関連の方が強かったんです。

石川　性的欲求はあまり関係ないっていうことですか？

小林　そういうことなんです。ジェンダー・ハラスメントとセクシュアル・ハラスメントの関連の強さを相対化するために第三の概念として一般的ないじめをもってきて比較したら、ジェンダー・ハラスメントってセクハラにそれほど近くなかったんです。

石川　男性側に求めるジェンダー・ハラスメントを考えると分かりやすい気がします。「男の人だからこれを持って」なんかは、性欲とまったく関係ないですよね。そういうことですか？

小林　そうなんです。だから性的欲求とは切り離して考えていった方が整理がしやすいし、対策が打ちやすいだろうと考えています。概念を整理して精査した上で、色んな影響を調べていきました。

　結論から言うと、ジェンダー・ハラスメントは就業女性に悪影響を与えます。その人がいやだと思っていようが思っていまいが、悪影響ってある。ここはポイントです！　たとえば、「女性に対し職場の華としての役割を期待する」、これはパンプス問題とおなじですよね。「女性がいると職場が和むよね」とか「かわいいね」など言うのもハラスメントです。「別に……」って感じている女性がすごく多いんですが（笑）。

石川 「ほめているのに何がダメなの？」って思っているんですよね。

小林 そうです。ハラスメントって思っていなくても悪影響ってあるんです。

石川 そういう、気づいていない人への悪影響はどうやって調べるんですか？

小林 それらの行為を経験した人に「不快と思いましたか」という設問で不快感のレベルを測定しました。あわせて、それらの経験の頻度と精神的な健康状態も測定してこれらの関連について検討しました。

石川 気づかないうちに精神的な健康状態を害していたということですか？

小林 そうなんです。ただ数回の調査結果を元に断定することはできないので、これから更に検討する必要はますが……。被害者自身もハラスメントに気づかないことも本当に多いです。調査をすると「私はこんな目に遭っていません」という女性は必ずいます。「誰がそんな目に遭うんですか？」って（笑）。そういう人が何年か経って「実は……」と打ち明けてきたことがあります。

石川 どこかで気づいたんですね。

小林 大きい企業勤めで、部下がいる30代のしっかりした方でした。他社に渡す対外的な名簿に、彼女の名前がいつも一番下に記載されていたそうです。新人男性よりも下に。それを上司に相談したら「そんなつまらないことを」と言われ、傷ついて泣いたそうです。まさにそれは女性を低く扱うジェンダー・ハラスメントにあたります。会社のためにがんばってきた女性にとっては屈辱です。そういう方たちは日頃から色んな目にあっても、負けないぞ、ってがんばって自分の置かれた状況を

見ないようにしている。男性中心の価値観の中でそれを内面化してやっていかないと、折れちゃうから。いじめと一緒で「私はそんな目に遭っていない」ってなる。

　性被害にも同じことが言えますよね。でも、いくら「遭っていない」と思っていてもやっぱりどこかで分かっていて、それが健康状態を悪くしている。ジェンダー・ハラスメントに気づいてない人とは、そういう人です。

石川　気づいていないと、加害する側にもなってしまいますよね。みんなそうなっていくしかない。

小林　そうなんです！　特に気づきにくいハラスメントは注意が必要です。「かわいい」と若い女性社員を褒めたら喜んでいた、なんでダメなの？　という50代の男性がいたんです。上司と部下という関係性があるので、女性は笑うしか選択肢はありません。女性が笑ったり喜んでいるように見えるのは果たして本心からなのかどうか、よく考えましょうと伝えていますが、なかなか……。

石川　そういう時、女性が露骨にいやな表情をするとどう思うの、って聞きたい。

小林　本当に。私もそういう態度をとってはじかれた経験があります。面白がってくれる人も中にはいますが（笑）。

石川　そういえば、この本のカバー写真で私が笑顔じゃないんですが、ツイッターで「もっと笑えばいいのに、笑ってたらマシなのに」ってバッシングされました（笑）。

小林　腹がたちますね。そういう人は女性を傷つけていることに気づきにくいんです。

石川　でも男性が女性から受けるハラスメントもありますよね？

小林　ジェンダー・ハラスメントは性に基づいて役割を期待することなので、被害者が女性とは限らず、行為者にも同性、異

性、色々あります。なぜ私が女性の被害にフォーカスしたかと言うと男性の受けるハラスメントって過重な期待や長時間労働など、すでに社会において注目されている問題とオーバーラップしているからです。しかし、女性へのジェンダー・ハラスメントは「小さく」いることを期待され、社会では独り立ちできないようになる。まるで中国の纏足のようです。「女性の能力は低いのであなたには期待していない」「職場のチアリーダーであればいい」というメッセージです。はじめから仕事を期待されていないということが、やる気のある女性をどれほど傷つけるか。男性は逆で「お前は偉いんだ、もっとやれ」という期待。小さい子どもに「もっと大きくなれ」と親が少し大きい服を与えるようなものです。それに対応できない人はやっぱり苦しいと思います。非対称性があるんです。

　「男性らしい」は精神的・肉体的強さに結びつきますが、「女性らしい」という言葉には非常にアンビバレントな響きがあります。美や繊細さを示す一方で、弱さ未熟さに表される能力の低評価。男性性は社会に認められる価値観に一致してるんです。ですが「男だからもっとやれ」と期待したり、向き不向きに関係なくリーダーをやらせるなどは、もちろんハラスメントになります。

　しかし、期待から外れている男性をなぜ「女の腐ったような」って言うんでしょうね（笑）。

石川　いやな言葉ですよね。わざわざ「女」という言葉をつかって。それも「女」をバカにしていますよね。

小林　「雌雄を決する」「雌伏雄跳」っていう言葉も。男同志でも勝っている方を「雄」とする。ここでも女性を低くみていますよね。誤解を恐れずに言えば、あらゆる差別やハラスメントって、ジェンダーが基になっていると思うんです。黒人奴隷と

主人という関係性も人種のジェンダー化だという研究者もいます。もちろん反論もあると思いますが（笑）。

女性も行為者になり得るハラスメント

小林　私がとったデータによると、女性が受けるハラスメントの行為者は男性と女性が半々なんです。

石川　えー、半分は女性なんですね。

小林　はい。「お茶入れなどを女性に期待する」「男性と女性と地位が同等の人がいたら女性を下に置く」というようなことを女性が当たり前のようにやっていて非常に困惑します。大きな企業はもうほぼないと思うんですが、お茶入れ、掃除を率先してやっている女性が後輩の男性にはやらせずに「女性の私がやっているんだから、あなたもやりなさい」と女性にのみ強要する。女が女を気働きの渦の中に引きずり込もうとする。これは本当に良くないですね。

　過去の経験なんですが、入社4年目の女性と入社3年目の男性だったら男性の方を上に扱う女性社員がいました。女性が他の女性を低くして男性を立てるという。

石川　私は葬儀の仕事をしていたのですが、会葬者の役割分担は結構はっきりしてると感じてました。

小林　「性役割の溢れだし（sex-role spillover）仮説」というものがあります。家庭での性役割分担が職場にも溢れだしているという研究なんですが。

石川　家庭って一番最初にふれる社会のようなもので、そこに性役割があると当たり前だと思ってしまいますよね。そうすると自分も外で同じことをしてしまうのは当然かもしれない。

小林 ある女性が管理職を目指したいといっても、周りの女性の先輩が足をひっぱるようなことはありますよね。「私が管理職になっていないんだからあなたもなるべきじゃない」といった雰囲気もありますね。

石川 日本人あるあるですね。

小林 ある企業の人事研修でジェンダー・ハラスメントについて話をしたことがあるんですが、そのグループワークで「こんなこと日常茶飯事だからどうでもいいんです。もっとひどいめに遭っているんで」といった声がありました。その方は妊娠中にお客様にお茶を出したところ、「そんな醜い姿でお客さんの前に出るな！」と男性上司に咎められたそうです。そんなひどい状況なので「あなた主婦なんだからついでにこれも買ってきて」と上司に雑用を頼まれてもどうってことないと思っちゃうんです。

石川 うわー。でもある意味その人も被害者なんですもんね。かわいそう。

小林 でも、そうなると同じ事を他の女性に強いるようになるしジェンダー・ハラスメントを追認することに繋がります。「自分さえ我慢すれば」「波風をたてないように」ではなく、後輩のために「なくそう」と踏ん張っている人が私は好きです。**石川** 我慢してもいいことなんて何もないですもんね。一緒に不幸になるなんて、意味がないです。

小林 お茶入れや気配りなどの「気働き」。その人がやりたくてそこで完結しているのならいいですが、他の女性も巻き込む。そこから外れる人をいじめる人もいる。そういう人たちにとって「気働き」がいいことなのかっていうと、やっぱりやりたくない仕事だと蔑んでいるんです。意味が分かりません（笑）。女の争いと言って揶揄する人もいますが、矮小化してはいけな

い問題です。社会構造のせいでそうせざるを得ないんです！

石川　女性はこんがらがっていますね。女性同士で足をひっぱりあう、嫉妬し合うなんて言って、楽しんでいる人がたくさんいるんですけど、そうじゃないんですよね。

小林　まず構造的問題にフォーカスしていきましょう！　たとえば女性はアクセスできる資源が一定で非常に限られているとしたら。出世ができない、やりたい仕事ができない、男性のサポートしかできない、そういう極端な企業はだいぶ減ったとは思いますが、役割が固定化されてそこでやるしかないとなったらどうしたって取り合いになりますよね。足を引っ張り合う構造は実はつくられたものなんです。そこから抜け出しましょう。

　「おしん」の嫁いびりもそうですね（笑）。男性は外へ稼ぎにいけるからある程度自由ですが、女性は家の中、決められた枠の中でやりくりするしかないんです。そこは大きな違いですよね。

石川　女性が多いある職場で年配の女性上司が若手の女性に嫉妬してきつい対応をしていたことがあったんです。それを外から「ドロドロした関係だ」と言う人がいて。でも、それって男性が「若い」ってことだけで評価するからそうなるんですよね。

小林　石川さん、よく言ってくれました！　まさにそういうことなんです。

石川　だから私はその女性上司のことを意地悪だと思えないんです。この社会でやっていくとなるとそりゃそうなるよ、って。実力がある人だったので、だからこそそうなったんだと思うんです。「女性」っていう理由で抑え込まれると、反動が下の女性にいくのは当然かと。

小林　女性は、かわいい、初々しいことを期待をされるんですが、社員としては実力、経験があった方がいいはず。でも、女性たちががんばって仕事をすればするほど、かわいくなく、初々

しくなくなっていきますよね。

石川 男性と同じ道を歩いてきただけなのに。同じ実力があっても「女性」っていうだけで「かわいくない」とみなされてしまう。

小林 だからジェンダー・ハラスメントは良くないんです。二律背反な要求をされているんです。

石川 矛盾することを求められているってことですよね。

小林 それでメンタルがやられてしまう人もいますし、職場にハラスメントが蔓延していると「かわいくて、初々しい、仕事ができない女性」が評価されることになってしまうんです。そもそも組織は生産性を上げなければならないから、女性に「かわいさ」「仕事ができない」を求めるのは「合目的的」とは言えないし、おかしいですよね。

「でもやっぱりかわいい方がいいじゃん」なんて言う人もいて。そういう人に私は自分の生理を職場にもち込まないでとよく言っています。これは女性も注意しないといけないのです。男性に「キモい」とか「生理的にイヤ」なんて心ないことを言う女性もいます。言われた男性はショックだと思うんです。セクハラはダメだと言いながら、自分の生理を公の場にもち込んでいる。

石川 思ったことの表現方法が違っているだけで「気持ち悪い」と「かわいいね」って同じことですよね。納得です。口に出さないよう、自分の心の中で調整できますもんね。

小林 そうなんです。それを職場にもち込む結果がセクハラなんです。感じたことをそのままにするのではなく、理性でコントロールできるはずです。

石川 ショックを受けてひねくれてしまう男性だっていますよね。

どうしてハラスメントはなくならないのか？

小林　韓国の小説『82年生まれ、キム・ジヨン』が話題になりましたよね。普通の女性が直面する社会の構造的問題が描かれていました。これは平成30年度の男女共同参画白書の「就業者及び管理的職業従事者に占める女性の割合」[*1]の国際比較なんですが、韓国は10.5パーセント、日本は13.2パーセントなんです。

石川　わー、ダントツ低いですね。ほとんどが30パーセントを超えているのに。フィリピンは49.0パーセントで一番高いですね。アメリカは43.4パーセント。就業者の割合自体はあまり差がないのに……。日本と韓国はやっぱり状況が似ているんでしょうか。

　政府は「女性が輝く社会づくり」なんて言っているけど、内閣は女性ふたりだし、言っていることとやっていることが全然一致していない。そうさせたくないと思っていそう。輝かせてくれなくていいから、普通に仕事させてほしい（笑）。

小林　すごく優秀な女性がしゃかりきにがんばれば成功できるような社会は実現したとは思うんです。でも、それがゴールではないはず。普通の女性も、普通にがんばれば、普通のポジション、普通の生活を手に入れられる社会が理想だと思います。

石川　男性と同等にってことですよね。ストレスもどちらかだけが大きく感じないように。

小林　でも、私自身にも課題があるんです。ある小学校に行った時、女性と男性、ふたりの先生がいたんですが、女性が若かったため先生ではないと思ってしまいました。先生は「背広を着

＊1　http://www.gender.go.jp/about_danjo/whitepaper/h30/gaiyou/html/honpen/b1_s02.html

た男性」という像をつくってしまっていたんです。そういう無意識のバイアスに気づいていかなければと感じています。

　最近改めて感じるんですが、女性リーダーのイメージにバリエーションが少ないと思うんです。たとえば、男性上司がタバコ休憩が多くても、締めるところを締めていれば許される。でも、女性のリーダーがそれをやったら許されない。いつもニコニコして仕事もできる。そしてみんなのケアもするっていうスーパーウーマンみたいな女性でないと認めてくれない。

　ドラえもんのキャラクターものび太、ジャイアン、スネ夫といった感じで男の子は色んなバリエーションがあるのに女の子はしずかちゃんだけ。それも万人が好きな女性像。男の人が求める女性にはバリエーションがないんです。女の人だって多様だということに気づいて認めていけば、ハラスメントもなくなっていくんじゃないでしょうか。

石川　たしかに、登場するのはきれいな女の子ばかり。

編集　初期のコミックのしずかちゃんはのび太のことを「あんた」と呼んだりして、もうちょっと活発だったのに、アニメになるとすっかり「女の子らしい」キャラになってますよね。

石川　メディアが変えちゃうことって結構あるように感じてます。話し言葉なんかも。男性向けの雑誌の取材で、私は「男は」って言ってたはずなのに「殿方は」に直されてたことがあって（笑）。使ったことないのに！　すごくいやな記憶があります。

小林　気持ち悪いですね。あと、ＰＴＡに関わるのはほとんど女性なのに、会長は男性っていうのもありますね。男性が少ないから祭り上げられる。女性も自分の偏見に気づいて、女性が女性を推していくようにしていきましょう！

石川　気づくことが本当に大事ですよね。

性役割という幻想と弊害

編集　私も質問があります。業務上、大きな荷物の移動など力が必要な場合、女性に限界があって男性にお願いをする。これはハラスメントになるのでしょうか？

小林　たとえば、その男性が車いすの利用者だったらお願いしませんよね？　要は屈強な男性にお願いするわけですよね。もし屈強な女性がいたらその人に頼む場合もあります。あるいはふたりで運ぶとか。だから、それは男性に頼むというよりも荷物を運べる人に頼んだ。その場でできる人にお願いしただけなので、ジェンダー・ハラスメントにはあたらないと思います。

石川　得意な人にお願いしたってことですね。荷物の話で思い出しましたが、性差別の話になった時に、「男性は普段荷物を持ってやってるんだから」って言われたことがありました。女性としての恩恵を受けているんだからあなたは性差別を訴える権利はないって言う人が結構いるんです。

小林　両面価値的性差別っていう概念があるんですが、女性は保護されるべきであるという考えの裏には伝統から外れる女性への否定的な感情が存在するんです。守ってあげなければいけないと思っている男性は女性を低くみがちで、要注意ですね。

石川　だから、「守ってやってたのになんで同じ権利を訴えるんだ」って感覚なんでしょうね。すごく多い気がする。迷惑ですね。

小林　結局そういう男性って女性を下に置くことで安心したいのかもしれません。#KuToo をバッシングする男性の根本はこの辺にあるんじゃないでしょうか。みんなが幸せになりたいっていう発言なのにヒールを履いたことのない一部の男性たちが騒いでいる。クールビズの時に「男性はネクタイをするべきだ、

半袖なんてとんでもない！」なんて言う女性はいなかったですよね。冷房を下げなくていいし、見た目にも涼しい。どちらにもメリットがあります。

石川　きっとその時は温暖化対策もあり、「差別だから」っていう理由でなかったこともあるとは思います。でも、たとえば男性が育休をとりにくいのも性差別ですよね。男性がそれを訴えても女性はそんなに騒がない。「とりたかったんだ」って思うはず。

小林　女性の方が多様性を受け入れやすいのかも。

石川　やっぱり「女性差別」っていう言葉を聞くと、男性に非があると感じてしまいがちですが、小林さんがおっしゃったように女性にもヒールを履くべきと思っている人がいる。#KuToo でもそれを説明しているのに、「男性が履かせてるみたいに言うな」って人がすごく多いんです。「女性差別＝男性から女性への差別・いじめ」っていう感覚があるんでしょうね。そこですごくすれ違っている感じがします。

　小林さんのお話を聞いていると今までのバッシングとの関連性を感じます。そういう気持ちのもとにやっていたんだなーって。この本のカバー写真を公開したばかりなんですが、バッシングがひどくって。こちらの意図していないことを勝手に想像して「男に履かせて復讐するのか」とか。

小林　ヒールってもしかしたら服従の象徴なんでしょうか。だから履かせたいのかも。

石川　走って逃げられないし（笑）。ほんと纏足みたい。バッシングする人には女性を尊い存在とする人も結構いるんです。毛が生えないとか、お風呂に入らなくても臭くならないとか。

小林　そうなんですか！　わけが分からない。でもそういうことを女性に求めてるってことですよね。同じ生物なのに。

石川　そうであったら嬉しいってことを押し付ける。

小林　女性もがんばって幻想に合わせて見せないようにしてますしね。まいっちゃうな。

石川　このカバー写真も実際のところ色んな可能性が想像できるのに「女が男に履かせてる」って決めつけるんです。その人がどういう考えをもっているのかが分かって面白かった。

小林　自己の考えを投影してますよね。男性もネクタイで首が苦しくて、肩がこるようだったら、きちんと見えつつもラクな服装をどんどん開発していった方がいいですよね。十二単の頃から時代の変遷とともに変わってきたわけですし。海外のものを取り入れたり、技術が発展したりして、私たちの服飾文化がつくられてきたんですから、変えていくべきものは変えていくべきですよ。

ジェンダー・ハラスメントのデメリット

石川　ジェンダー・ハラスメントが与える心身的影響について具体的に知りたいのですが。

小林　ジェンダー・ハラスメントはその人の能力でなく「女性」に帰属するものなので、個人で成果をあげたとしても、結局「女性の特性」とされてしまうんです。いくら成果をあげても評価されにくいんです。

石川　仕事の内容自体を評価されないってことでしょうか。

小林　日本だと、独立した仕事に対する評価よりも誰が担っているかっていうことの価値の方が重要なんです。たとえば男性がやっていた難しい仕事を女性がうまくやったとする。それが「この人は優秀なんだな」ではなくて「女でもできる簡単な仕

事だったんだ」というふうになってしまうんです。そういう評価をされた女性はもっとがんばらなければと思う。それでOPD（overperformance demands—過大な職務遂行要求）を高めてしまいます。結果、がんばってもがんばっても認めてもらえず、精神的な健康状態を悪化させることに繫がるんです。

石川　仕事がうまくいっても「女性だからスムーズにいったんだ」といったことを言われて、能力があることを認めてもらえないってよくあります。でもその証拠ってないですよね。女性にだって分からない。だからそう言われて「女だからなんだ」って思う人もいるはず。

小林　私も以前報告書を作成した時に上司から「さすが女の子は小さい頃から国語を一生懸命勉強するからいいレポートだね」って言われて、すごくいやな思いをしたことがありますよ。「何それ！」って（笑）。きちんと調べて報告者としてまとめ上げたことをまったく評価せず、「女性」っていう属性に原因を求める。男性の能力がさまざまなんだから、女性も同じはず。

石川　「女性」っていうカテゴリーにして考えがちなところってありますよね。

小林　男女というひとつの物差しで物事を判断し、「男性」「女性」にひもづく特性で固定してしまいます。多次元ではなく一次元的に物事を操作している。人間の脳は単純化した方が理解しやすいし判断も早いですからね。でも、職場の人間関係などの複雑な場面で全て単純化してしまうと、色んな面でデメリットがあると思います。

石川　そのデメリットがあるってことを、みんなが分かればいいのになって思います。

小林　ちなみに経営的な側面にも悪影響はあるんです。ジェンダー・ハラスメントを受けると、女性たちは一見して怠業的な

行動に出ることがあります。「女性は楽でいいね」なんて言われ続けていると、実際には難しい職務内容であっても自分の仕事に価値がないように感じてしまいますよね。たとえば、経理担当の女性が提出期限を過ぎた仕事

を依頼された時、本当はできるけど「私がやっている仕事だって大変なのだ」とアピールしたい。そうしてできることをできないと言ったりすることが怠業的行動のひとつです。一歩間違えば、自分の能力が低いと見られかねないのに。もったいぶって仕事をすることで価値を高めようとしてしまうんです。

　「お局さん」なんて言われてしまう人がなぜそうなったかと言うと、たとえ能力が高くても職務内容が限定されているからということもあるかもしれません。マネージメントできる立場にさせないからそうなってしまう。職場に変な決まり事をたくさんつくって人を縛る人になってしまうんです。

石川　すごいデメリット。ここをきちんと対処すれば、会社はどんどん良くなっていく可能性がありますよね。

小林　はい。そう思います。でもなかなかそうはならない。女性を下に置くことで男性の地位は守られますからね。

石川　それも「男性は強くなければいけない」っていう社会の押し付けと繋がってますよね。別に強くなくてもいいのに。苦しんでいる男性もいるはず。ツイッターで私をバッシングする人たちも苦しんでそう（笑）。

専門家の方にお話を聞けたので、これからの活動もがんばれそうです。本当にありがとうございました！

小林 応援してます！

　小林さんのお話を聞いて、私の中で様々なことが繋がった。32年生きてきて、いったいどれだけのジェンダー・ハラスメントを受けてきたのだろう？　幼い頃からずっと言われてきた「女だから」。なぜ男性が許されることを私がするとごちゃごちゃ言われるんだろう。これがジェンダー・ハラスメントと気づくまで、私は自分のことが全然好きではなかったし、何をしても自信をもつことができなかった。ジェンダー・ハラスメントを含むハラスメントを受けて起こる一番の問題は、自分に自信がもてないこと、そしてそれによって、自分の能力を存分に発揮できないことだと思う。過去の私は自分がすること全て何も価値がないものだと信じていた。世間の人たちが言う「女らしさ」に合わせられない自分が間違っていると思い込んでいた。だけど違った。間違っていたのは「常識」をつくっていた世間の方だった。それを知って私は、やっと本当の自分として生きることができるようになった。

　私が心から望む私。この先の人生、きっと大変なこと、辛いこと、予想外のことが起こるだろう。だけど、私がうまく言葉で表せなかった感情や問題を小林さんが専門的に言語化してくださったおかげで大丈夫だと自信をもって言える。そして、本当の自分が私の進むべき道を教えてくれるはずだ。

2019年6月3日

厚生労働大臣　根本匠　殿
（厚生労働省雇用環境・均等局雇用機会均等課）
（厚生労働省労働基準局安全衛生部安全課）
労働政策審議会雇用環境・均等分科会委員　殿

　　　職場における女性に対するヒール・パンプスの着用指示に関する要望書

#KuToo運動キャンペーン
署名発信者　石川優実
y.i.epicday.1.1@gmail.com

　日頃より働く場におけるジェンダー平等の実現のため、ご尽力いただき、まことにありがとうございます。
　長い間、女性のフォーマルな靴は「ヒールありのパンプス」が常識とされてきました。それは職場でも同様です。特に、接客業や顧客と接する仕事の女性または就職活動中の女性は、着用が明文化されていたり、口頭で指定されたり、「マナー、常識だから」などと慣習とされたりして、ヒールのあるパンプスを履かされていることが多いです。

　しかし、ヒールやパンプスは、外反母趾になる、切れて足から血が出る、靴擦れを起こして皮がむける、腰に負担が生じるなど、さまざまな健康被害を招きます（ヒールによる健康被害は既に科学的に実証されています。別添資料参照）。現在だけでなく年齢を重ねた後に症状が出る場合もあります。体勢が不安定になるため、転んで怪我をする女性もいます。残念ながら、「ヒールやパンプスを履いて長時間働くことができないので、仕事を諦めました」という声も聞きます。多くの女性が足や腰を痛めて仕事をしているのが現状です。
　加えて、仕事をする上で動きづらい・走れない・疲れやすいなど、さまざまな就業上の制約があります。しかし、女性たちはそれを強いられているのです。

　同じ職場・職種で男性はヒールがない靴でもよいのに対し、女性にはヒールやパンプスの着用が求められます。TPOは考慮されるべきですが、女性がより苦痛を感じる靴を着用しなければならないことは性差別にあたります。しかし、日本の企業社会の中では、それが性差別であり、許されない労働条件であるということが未だ共有されておらず、女性労働者自身が、パンプスを履いて仕事をできない自分を責めています。

　このたび、「職場でのヒール・パンプスの強制をなくしたい！」として署名活動を始めたところ、多くの反響があり、たくさんの女性が身体的・精神的な苦痛を感じたり、怪我をしているのに職場で言えずに苦しんでいることがわかりました。
　国際的には、ヒールのある靴の強制は性差別もしくは安全でないとして法律等で禁止されつつあります（別添資料参照）。

資料 1

　女性が女性だからという理由で苦痛を感じることがないように、また、女性が怪我をせずに十分に能力を発揮して働けるように、女性の働く環境を整えていただきたく、下記のとおり要望いたします。

記

1. **事業主がハイヒールやパンプスの着用を女性のみに命じることは、性差別もしくは性別に関するハラスメント（ジェンダーハラスメント）に当たり禁止するとの法規定等を作ってください。**

2. **もしくは、男女雇用機会均等法11条の「セクシュアルハラスメント」（職場における性的な言動）の対象に、「性別により役割を分担すべきとする意識」（ジェンダー）に関する言動を含めることにより、事業主がハイヒールやパンプスの着用を女性に命じることともセクシュアルハラスメントとし、違反する事業主を指導してください。**
   ※なお、国家公務員が対象となるセクハラの規則である、人事院規則10-10（セクシュアル・ハラスメントの防止等）においては、「性別により役割を分担すべきとする意識」に基づく言動もセクハラに含まれるとされています。人事院のウェブサイトでは、「女性職員には、職場での化粧や服装に十分気をつかってほしいと思う」「女性職員を採用する時は、美しくスタイルがよい女性に限る」「女性職員に対しては、髪型や服装などについていつも褒めるようにしている」といった言動のいずれについても、「セクシュアル・ハラスメントの観点から問題がある」と明記し、行わないよう注意を促しています。
   https://www.jinji.go.jp/sekuhara/5sekuharamonndai.html

3. **もしくは、今般改正された労働施策総合推進法30条の2の「パワーハラスメント」（職場における優越的な関係を背景とした言動。特に「個の侵害」類型）に該当し得るとし、違反する事業主を指導してください。**

4. **もしくは、使用者は労働者を危険から保護するよう配慮すべき安全配慮義務を負っていると規定する労働契約法5条及び労働安全衛生法の諸規定に基づき、安全でないヒールやパンプスの着用を労働者に命じることは違法であり禁止するとの通達を出してください。**

以上

Change.org #KuToo 署名キャンペーン
賛同者コメント集

誰もが苦痛を強制されたりしない社会にしていくために、小さな一歩ですが賛同します。

以前から疑問なのは航空機内の非常時の案内でパンプスで逃げるなとアナウンスしてるのに、CAは勤務中パンプスを履かなくてはならない。おかしくない?

私は男性ですが、子どもの頃、足が大きい、とからかわれてから、我慢してぎりぎり履けるくらいの大きさの靴をはいていました。そのためか、外反母趾で痛い思いをしています。
自分の足にあった、動きやすい靴、仕事であればなおさら、そうした靴を履く必要があると思います。なぜ女性にのみヒールを強要するのか理解できません。

男女関係なく、走っても危険じゃ無い靴を!

大震災依頼、歩いて帰れること優先で指示しています。ヒールで来て帰れなくなったら管理責任問われても仕方ないんじゃ無いですかね?

ジェンダー、人種、出身地をめぐる差別の撤廃はどんな一歩でも重要ですが、厚生労働省からの通達に合わせて罰則規定を含む法制度の整備までいきたいですね!

私はヒールの靴が好きですが、毎日職場で履けと言われるのは絶対的に違うと感じます!
靴擦れも酷いですし、足の疲労もスニーカーやローファーより遥かに増します。「足を綺麗に見せる」という着飾る為のヒールやパンプスをマナーとして強制しないでください!
本当に辛いですし、何もかもの効率が激減するので他の方々にとってもヒール強制はデメリットでしかありません!

資料2

履物に自由を！

働く上での利便性を損なう靴の形状を性差で決められるのは理不尽。

賛同します。肉体的苦痛を伴うこのような「マナー」とやらを強制する扱いが男女不平等であることは明らかで、マナーの名の下に容認するべきではないと考えます。

「マナーを守れ。」しかし、そのマナーはいったい誰が何の為に作ったのか？ そのマナーによって誰が利益を得る？ 誰の人権が犠牲になる？ 基本的人権を守ること以上に大切なことがあるだろうか？

このむごい現実とは、男の私もちゃんと向き合わないとな

俺も外反母趾なので、辛さはわかります。
「マナー」というものは誰かが決めた、人が作ったルールなので、別になんの権威や意味があるわけでもないので、変えるべきは変えた方がいいと思う。

きれいな靴、ちゃんと磨いた靴、スニーカーやサンダルじゃない靴を履くのはマナーだとしても、ヒールの高さはマナーとは関係ないと思います。

私は約25年、ヒールを履き続けています。ヒールが大好きだから！
でも、このキャンペーンには心から賛同します。強要されるものではないからね。

強制する意味について、納得する説明を見たことがない。

身も心も痛くない環境で仕事がしたい。

私自身はパンプスを履くことの
ない職種ですが、この活動の主
旨には全面的に賛成します。こ
れ以上、若い世代が無意味で理
不尽な差別を受けませんように

就活生の女性たちが痛そうに
足を引きずっている姿、なく
なってほしいです。それには
まず、働く女性が現状を変え
なくてはいけませんね。

It's totally unfair and shouldn't even need a petition.

足元から、窮屈な社会にモノ申す。

苦痛なのに、それが当
たり前だと思わされて
いる自分がいた。
Nice idea!
声をあげてくれてあり
がとう！！

履きたい人もいる。でも履きたくな
い人もいる。強制はおかしい。そして、
履かない人に「許容範囲」なんて言
われても全く納得出来ない！

痛い思いをしてまで履く必要ないし、
非合理的だよね

最終的にはヒール・パンプス「だけ」がマナーにかなった履物である
という「意識」を変えなくては、形式上「強制」は無くなっても状況
は変わらないと思う。だけど「意識」を変える第一歩として、クール
ビズが行政の主導で市民権を得ていったように、国には＃KuTooにも
本気で取り組んで欲しい。
あ、あと、靴のメーカーさんにも機能的でおしゃれなフォーマルシュー
ズの提案をぜひ！

応援しています。社会にちゃんとフェミニズムが浸透しま
すように

資料2

反対する理由がない

整形外科医がハイ
ヒールの有害性を証
明しているのに、な
ぜこのような馬鹿げ
たことが横行してい
るのか。

賛同します。ジェンダーによってルールが
違うのはおかしいし、そもそも人には身に
つけたいものを身につける自由があり、身
につけたくないものは身につけない自由が
あります。

その会社の総務部長にヒール履かせて1週間働かせ
てみせなさい。

**職場での不当な強制には絶対反対で
す。経営者が強い立場を利用して
強制することは絶対おかしなことで
す。今回は 「ヒール・パンプスの
強制」ですが他にもいろいろありま
すよね!?**

石川さんの仰っている事、全てに賛
同します。ヒール付きの靴は個人の
好みで履くべきで、強制される事は
おかしいです。強制と言った男性陣、
1ヶ月ヒール付きの靴だけで生活し
てみればいいのに。辛さがわかりま
すよ。

履くものくらい、自分で選ばせて!

必要性を感じない強制は
もちろん、パンプスでは
明らかに怪我に繋がるよ
うな場所でも強制されて
いる現状は絶対におかし
いと思い賛同しました。
パンプスを皮切りに、男
女共に必要性のない息苦
しい格好が強制されなく
なるのを望みます。

ヒールがどうしても辛く、
ヒールを履く機会のない
仕事を選んでいますが、
かなり職種が限定されま
す。ハイヒールを履かな
くて良い状況は喜ばしい
です。

**より住みやすい社会を作っていくためこのキャンペーンに賛同します。
ファッションとはなんなのかを考えるきっかけになりました。**

215

あとがき

　2017年末に #MeToo してから約2年が経った。そこからフェミニズムを勉強し始めた私は、「女だから」という理由の強要や自己責任論が日本社会にはとても多いということを知った。

　痴漢に遭っても性犯罪に遭っても被害者にぶつけられる「あなたにも落ち度があった」「なぜついていったの？」「露出の多い服着てたんじゃないの？」「女性専用車両に乗らなかったの？」「ハニートラップでは？」というセカンドレイプ。

　「強制ではなかった」「好きでやっていた人もいた」「金目当てだ」「いつまで謝罪させるんだ」「戦時中のことだから仕方ない」と被害者を責める慰安婦問題も同じじゃないか？

　セクハラだってそう。どれだけ世界で #MeToo ムーブメントが起きても、日本ではずっと「どこからがセクハラか分かんねーんだよ」「セクハラセクハラうるせーな、女はめんどくせえな」「お気持ちヤクザ」などと揶揄され解決されない。挙げ句の果てには大臣が「セクハラ罪という罪はない」とか言い出す始末。

　様々な理由をつけて性犯罪を肯定しようとする。性犯罪は起こっても仕方がないことのように扱う。

　びっくりした。2017年末まで私は、日本は先進国で男女平等だと信じていた。だけど違った。明らかにおかしなこと、モヤモヤすること、どう考えても侮辱にあたる失礼すぎる様々な出来事を、見ないようにしていただけだった。いや、見させないようにされていたのだった。

　今までは、家事は女がするべきだ、女は浮気するな、男を立

てる女がいい女だ、仕事がしたいなら家事を完璧にしてね、セクハラは受け流した方が得だよ……。こう当たり前のように言われて、何も言えなかった。何に自分がこんなに悔しい気持ちになるのかも分からなかった。

　だけど、フェミニズムについて勉強し始めて知った。これらは「女性差別という意識のもとにぶつけられた言葉だったんだ」と。

　差別をしてはいけないということは知っていた。知らなかったのは、何が差別にあたるのか、ということだ。

　靴だってそうだ。今まで、パンプスやヒールが履けない自分の足が悪いと思っていた。我慢して仕事に集中できない自分が悪いと思っていた。オーダーメイドのパンプスを購入する経済力のない自分が悪いと思っていた。

　でも違った。オーダメイドでも合わない人は合わないそうだ。フラットシューズと比べて労災リスクも足への負担も大きいそうだ。男性が履いたって痛いそうだ。

　フェミニズムは私を救ってくれた。不当な差別に怒れるようになった。それは今まで「女はヒステリー」と言われ続けてきた自分にとってとても解放的なことだった。ヒステリーという言葉すら女性差別だと知ることができたのだから。

　普段反差別の運動をしている人たちは「差別はする側の問題だ」、「セクハラをうまく受け流したりスルーする必要はない」

という。そんな人たちからクソリプに対抗するなと言われるようになった。なぜかクソリプに乗せてぶつけられる差別は私側がスルーしなければいけないらしかった。クソリプはTwitter上ではあるが、あれらはAIではない。実在する人間が打っているツイートだ。私はこういう人たちの存在をグラビアの仕事を始めた10年以上前から見ている。当時は匿名掲示板やブログのコメント、Amazonのレビューだった。「価値がないから早く脱げよ、何様のつもりだ」「自分に何かできると思ってんのか？」「ブスだから無理やり露出させられても仕方ない」「こんな仕事してみっともないな笑」。私で「抜いた」であろう人たちから、私に対するそのような言葉がたくさん並んでいた。

　そんな人たちは場所を変え、現在はTwitter上にわんさかいる。そのおかげで本人に直接怒りをぶつけられるようになった。この10年間、黙って見てきたがセクハラや女性・グラビアアイドルを侮辱するような言葉はなくならなかった。だから私は怒ることに決めた。ひとりひとりに怒っていくことにした。私は法律に則り仕事をしただけだ。男性がフィクションとして楽しめるものを提供した。感謝されることはあってもそれを理由に侮辱をされるいわれはない。まるで私へ罰を与えるかのような言葉が浴びせられたが、私は何ひとつ悪いことはしていないはずだ。Twitter上だろうと私は差別を許したくない。

　2019年2月から私がずっと夢中で#KuTooや自分のことに取り組んでいる間、クソリパーたちは赤の他人である私や自分に

は関係のない#KuToo運動へのバッシングに時間と労力を使っていた。毎日毎日がんばって私を叩く人がいた。わざわざ私の過去のグラビアの写真を検索して、無断で転載する人もたくさんいた。

　自分のことよりも他人に力を注いでしまう人たちは本当に幸せなのだろうか？　人を傷つけようとして言葉を発する人たちは、いったいどんな心理で生きているのだろう？　ほぼ100％匿名アカウントだが、正しいと思っているのなら本名で自信をもってやればいいのに。もし私を傷つけたいと心のどこかで感じているならば、これはあの人たちのストレス発散になっているのだろうか？　他人に対してひどい女性差別的な攻撃をしているツイートが本に掲載され、多くの人が目にすることをどう感じるのだろうか。

　私はとても興味があるし、クソリパーたちがもし幸せでないならば人を傷つける以外の方法で幸せになってほしいと心から思う。

　私も昔は向こう側の人間だった。昔の私が今の自分を見たら、このクソリパーたちと同じ反応をしていただろう。とてもわがままに見えたと思う。それは、当時の自分が我慢することを美学として生きていたからだ。我慢をすれば幸せになれると信じていたからだ。いや、信じ込まされていたのだと思う。

　けれどこちら側に来て、本当の幸せを噛み締めている。パンプスも、やりたくない表現のグラビアも、怒ることも我慢しな

くていいし、夢だった本が出せている。自分のことが大好きに
なれた。まるで違う世界に生きているように思えるが、今の私
が本当の私だとも思う。この社会にいるうちにどこかに忘れて
きてしまった私を、やっと今取り返せた。

　結果、こんな素敵な面白い本を出版することになった。私の
人生の中でも特に大きな夢のひとつが叶ったのだ。本は驚くほ
どスムーズに書きあがった。もちろん編集さんが上手にサポー
トしてくれたこともとても大きい。が、自分がやりたいこと、やっ
てきたことを1冊の本にできるということも大きいと思う。

　私のクソリプへの対抗を止めようとした人に言いたい。あな
たのクソバイスを受入れていたら、私はこの本が出せなかった。
私の夢は叶わなかったかもしれない。

　この本を読んでくれたみなさんは今の人生について、どう考
えているのだろう？　幸せならば何よりだ。だけど、もしも過
去の私みたいにモヤモヤしながら毎日を過ごしているのなら、
身近なことからジェンダー問題について考えてみて、モヤモヤ
を解き明かしていくことはとても効果的だと思う。とてもおす
すめ。

　最後に改めてお礼を。私のただの愚痴ツイートから始まった
#KuTooは、反応してくださった全ての方のおかげでここまで
広がりました。署名・拡散してくれたみなさん、署名提出につ

220

いてきてくださったみなさん、署名サイトChange.orgのみなさん、靴を作る提案をしてくださった企業さん、取材してくださったメディアのみなさん、本当に全ての人の小さなアクションで大きくなった運動だと思います。私は波に乗せてもらいました。ありがとうございます。

　私が#KuTooにたどり着くまでにずっと闘ってきてくださったフェミニストの先輩方、私の#MeTooに寄り添ってくださったライターのみなさん。いつもお互いにエンパワメントしてくれる仲間のみなさんにも。私にフェミニズムの視点をもつきっかけをつくってくださって、本当に感謝しています。

　写真を撮ってくださったインベカヲリ★さん。はじめてインベさんの写真の女の子を観た時から、私もこの人に写真を撮ってほしいと強く思った。撮影前にインベさんに自分のことを本当に色々話した。カウンセリングをしてもらった気分。そして男性向けじゃない、私が撮られたい私を撮ってくれた。表紙のアイディアはインベさんによるもの。最高の表紙になったと思う。これが書店に並ぶと思うとワクワクする！！

　そして、この企画を提案してくださった現代書館の山田亜紀子さん。クソリプに対応しながらも「私がやっていることはみっともないことなんじゃないのか」「クソリプを放っておけない私はダメなんじゃないか」と、自分を責める癖が抜けない私は、山田さんが肯定してくれたおかげで本当に救われた。この企画

がなかったら、私は日々ぶつけられるクソリプに殺されていたかもしれない。大げさではなく、本当にそう思う。仕事になったおかげで楽しめました。おふたりとも、本当にありがとうございます。

　私の場合は靴からだったけど、誰にとっても身近なことから、本気でフェミニズムを考えてみませんか？
　性別に関係なく、全ての人に同じだけの選択肢を。それが私のフェミニズム。

2019年10月　フラワーデモの日に
石川優実

石川優実（いしかわ　ゆみ）

1987年生まれ。グラビア女優・フェミニスト。2005年芸能界入り。2014年映画『女の穴』で初主演。2017年末に芸能界で経験した性暴力を#MeTooし、話題に。それ以降ジェンダー平等を目指し活動。2019年、職場でのパンプス義務付け反対運動「#KuToo」を展開、世界中のメディアで取り上げられ、英BBC「100人の女性」に選出される。

#KuToo（クートゥー）
靴から考える本気のフェミニズム

2019年11月20日　第1版第1刷発行

著　者	石川優実
発行者	菊地泰博
発行所	株式会社 現代書館

〒102-0072東京都千代田区飯田橋3-2-5
電　話　03（3221）1321
FAX　　03（3262）5906
振　替　00120-3-83725

ブックデザイン	奥冨佳津枝
印　刷	平河工業社（本文）　東光印刷所（表紙・カバー）
製　本	積信堂

校正協力	高梨恵一
衣装協力	株式会社 丸井グループ（石川優実着用スーツ、男性着用パンプス）、ロコンド（石川優実着用　KuToo Follower Shoes）
モデル協力	小林駿介

ISBN978-4-7684-5868-6　©2019 ISHIKAWA Yumi　Printed in Japan
http://www.gendaishokan.co.jp/

定価はカバーに表示してあります。落丁本・乱丁本はお取り替えいたします。

本書の一部あるいは全部を無断で利用（コピーなど）することは、著作権法上の例外を除き禁じられています。但し、視覚障害その他の理由で活字のままこの本を利用できない人のために、営利を目的とする場合を除き、「録音図書」「点字図書」「拡大写本」の製作を認めます。その際は事前に当社までご連絡ください。また、活字で利用できない方でテキストデータをご希望の方はご住所・お名前・お電話番号をご明記の上、右下の請求券を当社までお送りください。

活字で利用できない方のためのテキストデータ請求券
『#KuToo』（クートゥー）

現代書館

キャバ嬢なめんな。
夜の世界・暴力とハラスメントの現場

布施えり子 著　1300円＋税

一見華やかな夜の世界だが、そこには女性を苦しめる出来事が掃いて捨てるほど存在するキャバクラ。賃金未払いは当たり前、セクハラや暴力が横行する世界に対する怒りと闘いのための一冊。さまざまな偏見に苦しむキャバ嬢の日常を活写。痛快！ 爽快！ キャバ嬢の連帯！ 雨宮処凛さん推薦！

シモーヌ Les Simones VOL.1

シモーヌ編集部 編　1300円＋税

1949年の『第二の性』刊行から70年、"雑誌感覚で読めるフェミニズム入門ブック"が誕生！「人は女に生まれるのではない、女になるのだ」から、もう一歩踏み出そう。創刊号特集はシモーヌ・ド・ボーヴォワール。インベカヲリ★撮りおろしの巻頭グラビアに石川優実がヌードで登場！

ジョルジュ・サンド 愛の食卓
19世紀ロマン派作家の軌跡

アトランさやか 著　2000円＋税

ショパンの恋人は、食を愛する「男装」作家でした。現代のジェンダー、環境問題などに気づきを与えるサンドの言葉や思想を「食」という切り口で紹介する新しい文学評伝。サンド作品の食風景を楽しめる現代風レシピも収録。人生は、胃袋と心を満たすことから。夏木マリさん推薦！

定価は2019年11月1日現在のものです。